Bernd Krewer

Die Nachsuche auf Schalenwild

Die Nachsuche auf Schalenwild

Bernd Krewer

Landbuch

Landbuch-Verlag GmbH, Hannover, 1989

Lektorat: Dr. Helge Mücke, Hannover
Farblithos: ReproDukt GmbH, Langenhagen
Satz, Druck und buchbinderische Verarbeitung:
Landbuch-Verlag GmbH, Hannover

ISBN 3 7842 0400 7

Inhalt

Geleitwort

Es gibt eine ganze Reihe von Jägern, die meinen – mit der modernsten Technik zur Jagd auf Schalenwild ausgerüstet –, daß heute, nach Kalibern und Optik, Nachsuchen eigentlich in den Bereich der Fabel gehören.

Oft vergessen sie aber, daß Schießstand und Jagdpraxis zweierlei sind. Auf der Ansitzleiter oder gar am Bergstock angestrichen, bei schlechten Lichtverhältnissen oder bei Drückjagden, wenn noch das Herz in den Drückefinger springt, da läßt's dann aus. Und dann gilt noch immer: „Es gibt keine guten und schlechten Kaliber, sondern nur gute und schlechte Schüsse!"

In seinen Gedanken zur „Nachsuche auf Schalenwild" hat Bernd Krewer als sehr erfahrener Nachsuchenspezialist alles zusammengetragen, was für einen verantwortungsbewußten Jäger nach dem Schuß bedacht sein will und muß. Bedauerlich, daß doch recht viele Jäger gerade in solchen Situationen ihre gute jagdliche Erziehung vergessen und gehäuft Fehler machen.

Ein gutes Nachsuchengespann kann vieles ausbügeln und erreichen, aber jeder Jäger könnte, vom Schuß an vieles erleichtern. Wie jedes Nachsuchengespann, hat auch das hier Vorgestellte, bei aller jagdlicher Allgemeingültigkeit, seinen signifikanten Hauch von Individualismus.

Was der Verfasser nicht will: Erlebnishungrige, ehrgeizige Nachahmer! Nachsuchen darf nicht modern werden! Es ist hartes, grundsolides Handwerk und nur der kann es betreiben, der wirklich bereit ist, nicht nur Können, Geschick und Zeit zur Verfügung zu stellen, sondern darüber hinaus alles dieser Aufgabe zu opfern!

Wenn der eine oder andere Leser dieses Buches nach der Lektüre etwas bedächtiger und behutsamer den ihm anvertrauten Schalenwildabschuß durchführte, dann wäre, im Sinne des Verfassers und der Jagdgebrauchshundearbeit, schon viel erreicht!

Schon bei Hulverscheid, in seinem Buch „. . . und da sagte der Jägermeister“, kann man unter „Die Nachsuche – Eine Schweiß- und Hundearbeit –“ lesen:

„Jetzt werden wir beweisen, was das heißt –
Das ist noch Jagd – den Riemen in der Faust,
Wenn das Gezweig mir um die Ohren saust
Und mich der rote Hund durch Knack und Dornen reißt,
Dann kommen wir, wenn Eure Kunst versagt,
Das ist noch Jagd!“

Dem ist nichts hinzuzufügen! Das gilt noch immer!

Forstamt Mittelsinn/Spessart, Mai 1988

Christoph Frucht,
Präsident
des Jagdgebrauchshundverbandes

Für die Nachsuche geeignete Hunderassen

Die Nachsuche ist die verantwortungsvollste Form der Jagdausübung überhaupt! Nach einem Schuß, der – aus welchen Gründen auch immer – nicht dort sitzt, wo er hätte sitzen sollen, müssen wir Jäger alles Menschenmögliche zur Schonung des Tieres tun. Wir haben die Pflicht dazu! Natürlich kann auch ein Verkehrsunfall der Anlaß einer Nachsuche sein, der Regelfall ist jedoch der, daß ein Jäger bei unzureichendem Licht, auf zu weite Entfernung, mit unzureichender Munition oder mit nicht richtig schießendem Gewehr auf ein Stück Wild geschossen hat und ihm eine nicht sofort tödliche Verletzung beigebracht hat.

Dies ist, wie gesagt, der Regelfall, und diesem Thema soll auch das vorliegende Buch gewidmet sein.

Wir wollen aus der Betrachtung des Themas „Nachsuche" die gewiß mancherorten zahlreichen Verkehrsunfälle ausklammern. Es sind dies meist Nachsuchen „auf Verdacht", es fehlt in aller Regel ein halbwegs klares Zeichnen des verletzten Stückes, es fehlen die so wichtigen Pürschzeichen auf dem „Anschuß", und es fehlt auch häufig der Schweiß. Angefahrene Stücke haben meist innere Verletzungen. Äußere Wunden sind selten und meist dann glatte Brüche, die längst nicht so ergiebig schweißen wie Wunden, die ein modernes Geschoß verursacht hat. Nachsuchen auf solche „Verkehrsunfälle" erfordern immer einen absolut fährtentreuen, erfahrenen Hund, dem man blind vertrauen können muß.

Jedes Probieren mit ungeübten und/oder unerfahrenen Hunden ist nach meinem Verständnis hochgradig unweidmännisch. Dies gilt eigentlich für jeden Nachsucheneinsatz, in ganz besonderem Maße jedoch für die Nachsuche auf angefahrenes Wild wegen der schon erwähnten zusätzlichen Erschwernisse.

Ausklammern möchte ich hier auch die Nachsuche auf Niederwild oder klarer: Nichtschalenwild. Nicht, daß hier nicht die gleichen Maßstäbe weidgerechten Verhaltens anzulegen wären, die Nachsuche auf den Fuchs oder den Hasen ist jedoch so gänzlich anders, daß sie aus unserer Betrachtung ausscheiden muß.

Wichtigstes „Handwerkszeug“ für jede Nachsuche ist der Hund. Oft wird die Bezeichnung „Schweißhund“ für alle auf der Wundfährte arbeitenden Hunde aller möglichen Rassen verwendet. Dies halte ich für irreführend, die Bezeichnung „Schweißhund“ ist eindeutig durch die beiden klassischen Schweißhundrassen Hannoverscher Schweißhund und Bayerischer Gebirgsschweißhund besetzt, und das sollte auch so bleiben. Diese beiden Rassen sind die eigentlichen Nachsuchenspezialisten, sie werden seit langer Zeit ausschließlich für die Arbeit mit tiefer Nase auf der alten, kalten Wundfährte und für die bei jeder dritten ernsthaften Nachsuche notwendige Hetze gezüchtet und nach teilweise sehr alten Methoden abgeführt. Ganz bewußt sprechen die Schweißhundführer nicht von „Dressur“. Was der erfahrene Schweißhundführer mit diesen Hunden macht, ist mehr ein behutsames Formen vorhandener Anlagen, das immer ohne jeden Zwang vor sich geht. Gelinder Druck ist allenfalls gelegentlich bei den reinen Gehorsamsfächern, z. B. dem Ablegen, notwendig. Der Hannoversche Schweißhund ist die ältere der beiden Rassen und stand mit an der Wiege des Bayerischen Gebirgsschweißhundes. Er ist der unmittelbare Nachfahre des alten Leithundes im Mittelalter. Mit ihm wurde das Bestätigen einzelner Hirsche zu einer hohen Kunst verfeinert, was jedoch zur Folge hatte, daß seine Hetzfreudigkeit verkümmerte. Um sie wieder aufzubessern, kreuzten die Wildmeister Knop am Jägerhof zu Hannover um das Jahr 1800 die rote Hannoversche Haidbracke in den

Zügig folgt der Hannoversche Schweißhund der Wundfährte und verweist Schweiß. Foto: Ebner

Leithund ein und schufen so den Hannoverschen Schweißhund, wie wir ihn heute kennen. Er dürfte sich seitdem nicht wesentlich verändert haben, wie die Zeichnungen von Beckmann beispielsweise aus dem ausgehenden 19. Jahrhundert beweisen.

Dieses Aufbessern der Hetzfreudigkeit war notwendig geworden, weil sich auch die Jagdverhältnisse grundlegend geändert hatten. Durch die Verbesserung der Feuerwaffen brauchte man den Leithund nicht mehr, an seiner Stelle wurde jedoch ein Hund benötigt, der einem angeschweißten Hirsch durch dick und dünn am Riemen folgen konnte, der jedoch auch – wenn dieser kranke Hirsch aus dem letzten Wundbett vor dem Hunde hoch wurde – ihn hetzte und bis zum Fangschuß stellte.

Der Bayerische Gebirgsschweißhund entstand fast einhundert Jahre später in den bayerischen und österreichischen Bergen. Man hatte den Hannoveraner kennen und schätzen gelernt, jedoch auch feststellen müssen, daß dieser doch recht schwere und massige Hund in extremem Gelände zu unbeholfen und beim Stellen von Gamswild wegen seiner fehlenden Wendigkeit zu sehr gefährdet war. So kreuzte man Tiroler Bracken (Wildbodenhunde) in den Hannoveraner ein und schuf dadurch den heutigen Bayerischen Gebirgsschweißhund. Man sagt dem „Bayer" allgemein größere Vielseitigkeit nach, so könne man mit ihm auch ohne weiteres Rehwild neben den übrigen Hochwildarten nachsuchen, ohne daß dies seiner Leistungsfähigkeit auf der alten, kalten Hochwildwundfährte schaden würde. Vor dieser fatalen Fehleinschätzung möchte ich nachdrücklich warnen. Natürlich kann man dasselbe auch mit dem Hannoveraner machen, aber es hat seinen Preis – bei beiden Rassen!

Rehwild hat Zwischenzehendrüsen, die seine Wittrung für jeden Hund so überaus attraktiv machen. Jeder Hund wird die Rehfährte bevorzugen, wenn man sie ihm nicht in der Jugend nachdrücklich verleidet. Ungestraft kann man auch mit dem Gebirgsschweißhund nicht von Jugend an durcheinander Rot-, Schwarz- und Rehwild nachsuchen, ohne daß sich dies für die Arbeit auf der Hochwildfährte bitter rächt.

Ich bin fest davon überzeugt, daß die herausragende Leistungsfähigkeit der Schweißhunde auf der alten, kalten und womöglich kaum noch schweißenden Wundfährte kranken Hochwildes nur erhalten werden kann, wenn der Hund ausschließlich **darauf** gearbeitet wird. Es werden diese Ausführungen womöglich nicht den ungeteilten Beifall aller finden, aber es ist meine Überzeugung, und ich weiß von vielen Schweißhundführern, daß sie ebenfalls diese Meinung vertreten.

Die dritte, hierzulande offiziell anerkannte Schweißhundrasse ist die alpenländische Dachsbracke. Sie ist bei entsprechender Führung ein ausgezeichneter Hund für die Nachsuche, feinnasig, fährtentreu und bei freier Hetze verläßlich spur- bzw. fährtelaut und wildscharf.

Nahezu alle in Deutschland geführten Jagdhundrassen werden auch auf der Schweißfährte gearbeitet, vom Kaninchenteckel bis hin zum Setter. Dies ist die Folge davon, daß in allen Bundesländern ein Hund erst dann als „jagdlich brauchbar" anerkannt wird, wenn er auch eine gewisse Mindestleistung auf der künstlichen Schweißfährte erbracht hat.

Dies halte ich persönlich für einen Weg in die völlig falsche Richtung.

Wir haben Jagdhundrassen, deren anlagebedingter Schwerpunkt in der Arbeit **vor** dem Schuß liegt, und andere, die besser für die Arbeit **nach** dem Schuß geeignet sind. Klassische Vertreter der letzten Gruppe sind die Schweißhunde, typische Vertreter der anderen sind beispielsweise die Setter.

Es ist gewiß falsch, von diesen eine ruhige, konzentrierte Arbeit mit tiefer Nase am Riemen auf der Schalenwildwundfährte zu verlangen, sie können diese geforderte Leistung in aller Regel nicht erbringen. Dem kranken Wild ist damit auch nicht gedient, ganz im Gegenteil! Wir haben die ethische Verpflichtung, die Leiden eines Stückes Wild, die wir durch den unglücklichen Schuß selbst verursacht haben, so rasch wie möglich zu beenden. Dies legt uns auch das Tierschutzgesetz als Verpflichtung auf.

Jeder Hund, der am Anschuß eines krankgeschossenen Stükkes Wild zur Fährte gelegt wird, muß nach Anlage und erlerntem Können, aber auch von seiner Konstitution her in der Lage sein, diese Nachsuche auch erfolgreich zu beenden. Dazu benötigt er eine gute Nase, ein ausgeglichenes Nervenkostüm, Ruhe und die konstitutionelle Fähigkeit, ein krankes Reh beispielsweise auch niederzuziehen. Daß dazu auch ein gehöriges Maß an Wildschärfe gehört, ist eigentlich selbstverständlich. Für mich ist **der** Prüfstein für ausreichende Wildschärfe das Stellen einer Sau. Hier scheiden sich die Geister!

Es gehört eben doch ein absolut intaktes, robustes Nervenkostüm dazu, im dichten Verhau eine Sau zu stellen, die oft genug dem Hund in der Geschwindigkeitsrelation von Annehmen und Flüchten überlegen ist. Es gibt Hunde, die trotz etlicher Blessuren immer schärfer werden – meist werden sie nicht alt. Andere wiederum „lernen" den Umgang mit der kranken Sau, werden vorsichtiger, ohne direkt feige zu sein, sondern verbellen mit dem nötigen Sicherheitsabstand. Letztere sind mir sehr viel lieber, man hat auch länger Freude an solchen Hunden, weil sie in aller Regel älter werden.

Je schwerer und massiger ein Hund ist, um so gefährdeter ist er beim Stellen stärkerer Sauen in dichten Schwarzdorn- oder Ginsterverhauen. Manche Schweißhundführer haben aus der Not eine Tugend gemacht und führen bei Nachsuchen auf Sauen zwei Hunde in „Arbeitsteilung". Der Hannoveraner macht die Riemenarbeit, und für Hetze und Stellen wird ein Jagdterrier nachgeführt. In verschiedenen Schweißhundstationen klappt das ganz vorzüglich, der Terrier ist infolge seiner geringen Größe und seiner Wendigkeit weitaus weniger gefährdet als der schwere Hannoveraner. Wer als vielbeschäftigter Schweißhundführer tagtäglich mit Sauen zu tun hat, der sollte den Einsatz eines Jagdterriers (oder eines guten Foxterriers aus durchgezüchteter Gebrauchslinie) als „Loshund" neben dem Schweißhund erwägen. Er spart mit Sicherheit eine ganze Menge Tierarztkosten!

Für wirklich schwierige Nachsuchen mit anschließender Hetze erscheint mir der Teckel wenig geeignet. Ich weiß, daß er als

Riemenarbeiter oft ganz Hervorragendes leistet – er ist eben mit der Nase immer nahe am Boden und dadurch im unmittelbaren Duftbereich der zu arbeitenden Fährte. Wie aber soll der Teckel – zur Hetze geschnallt – eine laufkranke Sau oder einen Rehbock mit Krell- oder Äserschuß in schwierigem Gelände und ebensolcher Botanik (Brombeere) je einholen können? Das Tierschutzgesetz macht es uns zur Pflicht, krankes Wild **schnellstmöglich** von seinen Leiden zu erlösen. „Schnellstmöglich" wird uns das mit dem Teckel kaum jemals gelingen, er ist einfach konstitutionell dazu nicht in der Lage.

Jede Nachsuche ist für das betroffene Stück Wild eine ganz persönliche Tragödie, die wir in kürzester Zeit beenden müssen. Daraus folgert, daß wir an den für die Nachsuche geeigneten Hund bestimmte Anforderungen stellen müssen:

1. Er muß von seiner Nasenqualität her in der Lage sein, einer nur noch wenige Duftstoffe abgebenden Fährte sicher zu folgen,
2. er muß temperamentsbedingt in der Lage sein, sich ausreichend lange auf die Fährte zu konzentrieren,
3. er muß anlagenbedingt mit **tiefer** Nase arbeiten, reine Hochwindsucher (z. B. Pointer) scheiden daher in aller Regel für jeden ernsthaften Nachsucheneinsatz aus;
4. er muß das Rezept des jagenden Hundes beherrschen, also durch Bogenschlagen die Fährte wiederzufinden versuchen, wenn das kranke Stück einmal in seiner Fährte ein Stück zurückgezogen ist;
5. er muß konstitutionell in der Lage sein, dem kranken, aus dem letzten Wundbett aufgemüdeten Stück zu folgen und es entweder niederzuziehen oder bis zum Fangschuß zu stellen;
6. dazu ist zumindest sichtlaute, besser jedoch fährtenlaute Hetze notwendig;

7. ebenso bedarf es dafür einer zumindest ausreichenden Wildschärfe und einer ausgeprägten Wesensstärke.

Sollen Erfolge auf der Schalenwild-Wundfährte keine Zufallserfolge sein, so muß der auf der Wundfährte eingesetzte Hund **alle** diese Voraussetzungen erbringen, **nur** Nase oder **nur** Schärfe reicht nicht!

Der Beagle ist zwar sehr feinnasig, es fehlt ihm aber die für jede ernsthafte Nachsuche notwendige Wildschärfe. Daher ist er nur für einfache Totsuchen einsetzbar.

Aus all dem geht hervor, daß trotz der Vielfalt der bei uns geführten Jagdhundrassen für den wirklich ernsthaften Nachsucheneinsatz eben doch nur wenige tatsächlich geeignet sind. Neben den auf die Nachsuchenarbeit spezialisierten Gebrauchshunden sind es vor allem die Bracken, die auf der Wundfährte Hervorragendes leisten.

Man kann gelegentlich hören oder lesen, daß man letztendlich jeden Hund für die Nachsuchenarbeit „brauchbar" machen könne, wenn man ihn auf dieses eine Einsatzgebiet spezialisiere! Das mag richtig sein, aber auch hier möchte ich fragen, ob es nicht sinnvoller ist, dann gleich und ohne Umweg sich einen Vertreter der klassischen Schweißhundrassen zuzulegen.

Diese Rassen sind seit grauer Vorzeit unter bewußtem Verzicht auf Vielseitigkeit nur für die Arbeit auf der Wundfährte in harter Leistungsauslese gezüchtet worden.

Es hieße jedes Spezialistentum glatt verleugnen, würde man ernsthaft bestreiten, daß die eigentlichen Schweißhunde im Regelfalle bei der Nachsuchenarbeit den für eine breite Palette anderer jagdlicher Einsatzmöglichkeiten gezüchteten Gebrauchshunden überlegen sind. Das schließt natürlich den Einzelfall nicht aus, wo der gut gezüchtete und gerecht geführte, spezialisierte Gebrauchshund dem ungeübten, womöglich schlecht geführten Schweißhund überlegen ist. Auch und gerade der Schweißhund braucht zur vollen Entfaltung seiner Anlagen und zum Sammeln und Verwerten seiner ganz persönlichen Nachsuchenerfahrungen ein gewisses Maß an Arbeitsmöglichkeiten. Wer seinem Hund nicht mindestens 20 bis 25 Nachsucheneinsätze pro Jahr bieten kann, der wird niemals einen Spitzenhund haben, so gut seine Anlagen auch sein mögen. Wer dies seinem Schweißhund nicht bieten kann, der sollte tatsächlich lieber auf einen vielseitigen Hund einer anderen Rasse ausweichen, den er neben der Nachsuchenarbeit auch noch anderweitig einsetzen kann. Aber er muß die

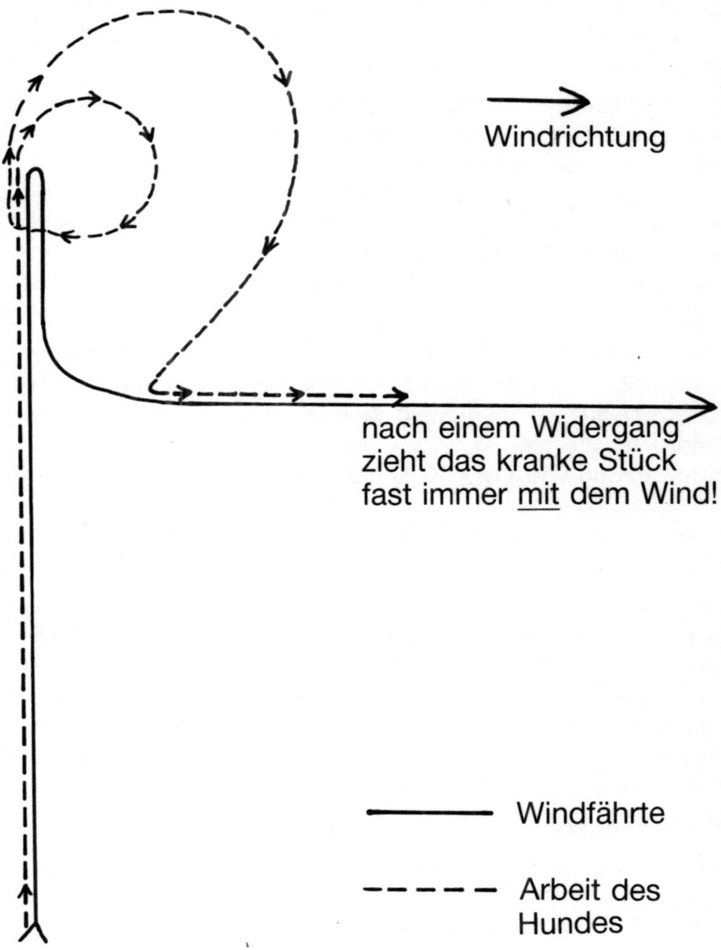
Windrichtung
nach einem Widergang
zieht das kranke Stück
fast immer mit dem Wind!
Windfährte
Arbeit des
Hundes

Grenzen der Leistungsfähigkeit seines Hundes kennen und beachten! Von einer laufkranken Sau läßt er besser die Hände (und seinen Hund) weg und holt in einem solchen Fall lieber gleich einen wirklichen Spezialisten.

Es dient der gerechten Nachsuchenarbeit nicht, wenn gefordert wird, daß in jedem Revier ein auf Schweiß brauchbarer Hund zu stehen habe. In letzter Konsequenz hieße das nämlich, daß wir in jedem Kreis Hunderte unbrauchbarer Hunde hätten, da kein Hund – so gut seine ererbten Anlagen auch sein mögen – mit zwei oder drei Nachsucheneinsätzen pro Jahr auch nur annähernd „brauchbar“ werden könnte. Dies ist gewiß der falsche Weg!

Die Kreisgruppen, Hegeringe und Rotwildringe sind aufgefordert, dafür zu sorgen, daß eine ausreichende Zahl **guter** Nachsuchenhunde zur Verfügung stehen. Nach meiner Erfahrung erfordern 20 bis 25 % der Gesamtstrecke an Rot- und Schwarzwild und etwa 10 % der Rehwildstrecke (alle Zahlen im langjährigen Mittel) mehr oder minder schwierige Nachsuchen, zumindest aber ist der Einsatz eines Hundes erforderlich.

Rechne ich etwa 20 bis 30 Nachsucheneinsätze pro Hund und Jahr, kann ich leicht ausrechnen, wie viele Hunde in einem bestimmten Gebiet vorhanden sein müssen, damit jedes beschossene, nicht im Feuer gebliebene Stück gerecht nachgesucht werden kann. Das schließt natürlich „Arbeitsspitzen“ in Vollmondzeiten nicht aus, aber man sollte sich am Normalfall und nicht an der Ausnahme orientieren.

Rechenbeispiel:

In einem bestimmten Gebiet werden im langjährigen Mittel erlegt:

50 Stücke Rotwild,
300 Stücke Schwarzwild,
500 Stücke Rehwild

25 % der Gesamtstrecke des Hochwildes erfordern erfahrungsgemäß ernsthafte Nachsuchen, das sind rd. 90 Nachsuchen. Dies würde Arbeit für drei Hochwildspezialisten bedeuten. Für die rd. 50 zu erwartenden Nachsuchen an Rehwild wären zwei spezialisierte Gebrauchshunde oder Bracken notwendig.

Fünf ohne Rücksicht auf Sonn- und Feiertage einsatzbereite Hundeführer könnten also in dem beschriebenen Gebiet tätig sein, sie hätten für ihre Hunde ausreichende Arbeitsmöglichkeiten, um diese Hunde auch tatsächlich zu Spitzenhunden heranreifen zu lassen.

Wenn wir weidgerecht jagen wollen, dann muß es jedem einleuchten, daß dieser von mir beschriebene Weg unserem eigenen Selbstverständnis gerechter wird als der heute noch vielerorts praktizierte „brauchbare Hund für jedes Revier". „Qualität vor Quantität" heißt auch hier die Devise! Das bedeutet natürlich auch weniger, aber dafür bessere Hunde und berührt damit die Zuchtpolitik unserer Jagdhund-Zuchtvereine. Auch hier wäre oftmals weniger = mehr! Nicht Expansion jeder einzelnen Rasse kann das Ziel sein, sondern wenige, aber gut gezüchtete Hunde aus allerbestem Zuchtmaterial.

Ich kann nur hoffen, daß diese Einsicht sich in den Zuchtvereinen durchsetzt, das Dauerthema „Jagdhund – Jagdbegleithund" wäre dann keines mehr.

Kaliber und Geschoß

Das Bundesjagdgesetz schreibt für die verschiedenen Wildarten Mindest-Kaliber und Mindest-Auftreffenergien vor (BJG § 19 [2]). Diese Mindestwerte sind jedoch absolute Grenzwerte „nach unten“ und eigentlich nur für Kunstschützen zu verantworten. Nun schießen wir ja relativ selten auf Wild vom Sandsack aus, dem bequemen Sessel mit Ellenbogenstützen und bei idealen Lichtverhältnissen. Das liegt in der Natur der Sache! Also müssen wir diese gesetzlichen Mindestwerte nach oben korrigieren!

Je schlechter die Lichtverhältnisse sind, je schwieriger im Regelfalle das Abkommen und je unruhiger das anvisierte Ziel, um so wirkungsvoller muß die Patrone sein.

Ich bin kein Ballistiker, sondern gebe hier nur das wieder, was ich in nahezu 30 Jahren bei rund 1 000 Nachsucheneinsätzen erlebt und gelernt habe. Und aus dieser ganz persönlichen Erfahrung hat sich eines ganz klar herauskristallisiert:

Je größer das Kaliber, um so größer auch die Schußwunde und um so besser die Schweißkontrolle, auch um so größer die Gewebezerstörung um den Schußkanal herum. Ich jedenfalls fahre weitaus hoffnungsvoller zu einer Nachsuche, wenn ich weiß, daß beispielsweise die nachzusuchende Sau mit einer 9,3-mm-Patrone beschossen worden ist, als wenn ich bereits am Telefon erfahre, daß der feiste Herbst-Überläufer mit einer 6,5 mm angeschweißt wurde.

Bisweilen hört man als Argument **für** die kleineren Kaliber, daß durch sie die Wildbretzerstörung geringer sei. Natürlich ist das meist so, aber ist es nicht besser, den Frischling mit der 9,3 mm zu erlegen und ihn wegen der größeren Wildbretentwertung mit 2 kg Gewichtsabzug verkaufen zu müssen, als ihn mit einer Stricknadelpatrone anzuschweißen und ihn dann möglicherweise bei der Nachsuche nicht zur Strecke zu bringen?

Wir haben die Verpflichtung, dem Wild unnötige Qualen und Leiden zu ersparen und es schnellstmöglich durch einen sauberen Schuß zu erlegen. Wenn wir diese Verpflichtung ernst nehmen, fängt dies bereits bei der Kaliberwahl an. Es gibt einfach keine Universalpatronen, auch wenn sie dutzendweise in den Fachkatalogen angeboten werden.

Auf Rot- und Schwarzwild sollte man nicht mit Geschossen schießen, deren Kaliberdurchmesser unter 8 mm liegt. Für die übrigen Schalenwildarten einschließlich Rehwild sollte der Mindestdurchmesser des zu verwendenden Geschosses bei 7 mm liegen.

Natürlich fällt auch der Rauschzeitkeiler und der Brunfthirsch mit einer 7-mm-Patrone um, wenn der Schuß im Bereich der „9" oder „10" der DJV-Scheibe sitzt. In der Zeit nach 1945 bis zur Wiedererlangung der Jagdhoheit wurde so manches Wutzchen mit der 22 long rifle in den Schweinehimmel befördert, aber das alles kann nicht unsere Überlegungen beeinflussen.

Die Wirksamkeit einer Patrone erweist sich nicht darin, wie sie wirkt, wenn der Schuß **gut** sitzt, sondern wie sie wirkt, wenn er eben nicht im Leben sitzt! Mit einer 6,5 mm im kleinen Gescheide zieht der Hirsch oder die Sau sehr viel weiter und lebt länger, als hätte er eine 9,3 mm kurz weidwund. Und hier ist wieder unsere Verpflichtung gefordert, so zu jagen, daß Schmerzen für das zu erlegende Wild vermieden werden. Wer mit der 6,5 mm bei Mondschein auf eine feiste Herbstsau schießt, nimmt zumindest billigend in Kauf, daß er diese Sau nicht schmerzlos tötet, sondern daß sie langsam und unter Schmerzen verendet.

Nun hört man immer wieder, „man könne sich doch unmöglich wegen der 3 oder 4 Gelegenheiten pro Jahr gleich eine 9,3 mm in den Schrank stellen". Eine „normale" Standardbüchse mit gutem Glas kostet rd. DM 2000,–. Drei Sauen zwischen 60 und 70 kg Gewicht haben den gleichen „Verkaufswert", drei Sauen also, die möglicherweise mit schwachen Patronen angeschweißt irgendwo verludern, weil sie mangels Schweiß in den Wundfährten oder mangels erfahrener Hunde nicht zur Strecke zu bringen waren.

Der erfahrene und geübte Hund braucht den Schweiß in der Wundfährte nicht unbedingt, er kann sich auch an der Bodenverwundung, der „Wund- und Krankwitterung“ in den Schalenabdrücken orientieren. Wenn reichlich Schweiß vorhanden ist, tut sich der Hund jedoch gewiß leichter und vor allem, der Führer hat Kontrolle. Hunde, denen man auf der Wundfährte blind vertrauen kann, sind selten. Auch hier gilt: „Vertrauen ist gut – Kontrolle ist besser“, zumal dann, wenn ich einen noch jungen und unerfahrenen Hund am langen Riemen habe.

Alles in allem: Nichts spricht für die kleinkalibrigen Geschosse, sondern eher alles dagegen! Wer den stärkeren Rückstoß eines gröberen Kalibers fürchtet, ist ohnehin wesensschwach und sollte zu Hause bleiben!

Weitaus schwieriger ist es, aus der Perspektive eines Schweißhundführers die Wirkung der verschiedenen Geschoßtypen zu beurteilen und hieraus Empfehlungen zu geben. Sehr gute, aber auch rätselhaft schlechte Geschoßwirkungen erlebt man so im Laufe der Jahre mit allen gängigen Geschoßtypen. Per Saldo möchte ich dazu raten, die gute, alte Teilmantel-Rundkopf zu bevorzugen. Sie ist nach meinen Erfahrungen den neueren Geschoßtypen in aller Regel ebenbürtig, oft sogar überlegen, was ihre Wirkung im Wildkörper betrifft.

Dringend abraten möchte ich von den Geschossen, die sich bereits beim geringsten Widerstand zerlegen. Die H-Mantel mit Kupferhohlspitze war bzw. ist ein solches Geschoß. Wie oft steht das zu erlegende Stück eben nicht völlig frei, ein dünn belaubter Buchenast verdeckt einen Teil des Wildkörpers, oder das zu erlegende Stück steht im Gras, und nicht einmal durch das Zielfernrohr kann ich den dünnen Grasfilm vor dem Wildkörper sehen und erkennen. Dennoch wird sich das Geschoß hier vor dem Wildkörper zerlegen, und es kommt nur noch ein besserer Schrotschuß am Zielobjekt an. Nein, allzu empfindlich darf das Geschoß nicht sein, sonst ist es in der Praxis wenig brauchbar.

Als Nachsuchenwaffe braucht der Hundeführer sowieso ein dickes Kaliber und ein absolut unempfindliches Geschoß, am besten 9,3x62 oder 9,3x64 mit Teilmantel-Rundkopf. Es muß blitzartig töten und die annehmende Sau stoppen!

Wer schon einmal versucht hat, mit einem kleinen Patrönchen einen annehmenden Überläufer zu bremsen, der wird mir zustimmen, daß dies kaum möglich ist. Denn wer trifft schon „aus der Hüfte" spitz von vorne die Stelle, die man treffen muß, will man die Sau noch vor der Berührung mit den eigenen Stiefeln stoppen? Auch ein schlecht sitzender Schuß aus der 9,3-mm-Nachsuchenbüchse wirft die annehmende Sau um und ermöglicht mir das blitzschnelle Nachladen und den raschen Fangschuß aus kürzester Entfernung.

Nach meiner ganz persönlichen Erfahrung sind Faustfeuerwaffen als Fangschußwaffen für den Hundeführer total ungeeignet. Sie mögen zwar handlich sein, sind aber gewiß kein Ersatz für die abgesägte Langwaffe, so wirkungsvoll (lt. Geschoßtabelle) das verwendete Geschoß und so stark das Kaliber der benutzten Faustfeuerwaffe auch sein mögen.

Zum ersten ist der stellende Hund immer sehr gefährdet, denn so genau und sicher kann ich in der Eile gar nicht mit dem Revolver zielen und schießen. Zum anderen stoppt auch die stärkste Revolverpatrone die annehmende Sau längst nicht so gut und sicher wie eine 9,3-mm-Teilmantel.

Wer den Einsatz von Faustfeuerwaffen als Nachsuchenwaffen propagiert, der hat gewiß noch nicht viele Nachsuchen auf Sauen gemacht und ist bestimmt noch niemals angenommen worden! Er wäre sonst sicher schon kuriert und reumütig zur abgesägten Nachsuchenbüchse zurückgekehrt!

Hinzu kommt, daß ich ja auch gelegentlich den Fangschuß auf weitere Entfernung abgeben muß und manchmal gar nicht so nahe an das gestellte Stück herankomme, wie es nötig wäre, um mit der Faustfeuerwaffe einen sicheren Fangschuß antragen zu können.

Bei schwächeren Stücken bevorzuge ich in meiner Nachsuchenwaffe die Vollmantel-Patrone! Sie läßt sich weniger durch Äste ablenken und gibt vor allem keine Splitter ab, gefährdet also den stellenden Hund kaum.

Sie hat jedoch den Nachteil, daß sie – ich muß immer wieder auf die annehmende Sau kommen – diese kaum stoppt. Daher verwende ich sie nur noch bei schwachen Stücken, deren Annehmen mich nicht sonderlich gefährdet. Zur Not kann man ja einen Frischling noch mit dem Fuß abwehren, wenn es mal für einen Fangschuß nicht mehr gereicht hat.

Hat das nachzusuchende Stück bereits Überläuferstärke erreicht, dann stopfe ich meine Nachsuchenbüchse voll mit Teilmantel-Rundkopf, als Unfallversicherung für mich sozusagen.

Bei Nachsuchen auf Rehwild benötigt man in den seltensten Fällen überhaupt eine Schußwaffe. Bei Rumpftreffern liegt das beschossene Stück meist in nicht allzu weiter Entfernung vom Anschuß. Rehwild ist sehr weich und „wehleidig". Die beim Rehwild wirklich schwierigen Nachsuchen sind die Lauf-, Krell- und Äserschüsse, und da sich Rehwild nur sehr selten vor dem Hunde stellt, müssen solche Stücke gehetzt, gefangen und niedergezogen werden.

Meist hat sie der scharfe Hund bereits abgetan, wenn der Hundeführer zum „Tatort" kommt.

Ich kann mich nicht erinnern, einmal auf ein krankes Stück Rehwild bei der Nachsuche einen Fangschuß abgegeben zu haben. Dennoch sollte man auch hier niemals ohne Waffe die Nachsuche beginnen, man sollte immer bedenken, daß die Ehe, der Krieg und die Nachsuche eines gemeinsam haben:

Man weiß immer, wie sie beginnen, jedoch nie, wie sie enden!

Das Zeichnen des Wildes

Beim Zeichnen des Wildes müssen wir zunächst einmal unterscheiden zwischen dem Zeichnen „im Schuß“ und dem Benehmen des beschossenen Stückes „nach dem Schuß“. Wenn auch das Verhalten des Wildes nach dem Schuß von gewissem Aussagewert über den Sitz der Kugel ist, mit dem eigentlichen „Zeichnen“ hat es nichts zu tun. Um dieses „Zeichnen“ überhaupt sehen und klar deuten zu können, muß der Jäger „durch den Schuß“ sehen. Wer im Knall alle verfügbaren Körperöffnungen krampfartig verschließt, dem muß natürlich das Zeichnen des Wildes im Schuß entgehen – wenn die Kugel überhaupt auf dem Wildkörper ankommt.

Das Zeichnen ist um so klarer und eindeutiger, je stärker und wirkungsvoller die verwendete Patrone ist. Auch die Nervenanspannung des beschossenen Stückes spielt eine große Rolle. Wird ein Stück Wild im Zustand absoluter nervlicher Ruhe beschossen, so wird das Zeichnen immer aussagekräftiger sein, als wenn dasselbe Stück das metallische Klicken des Stechers vernommen hat und die Kugel es unmittelbar vor dem Abspringen erreicht.

Wir müssen hier also von dem „Normalfall“ ausgehen, wenn also der Bock oder Hirsch beschossen wird, ohne daß er im geringsten etwas davon ahnt, in welcher „Gefahr“ er sich befindet.

Die nachfolgenden Beschreibungen beziehen sich überwiegend auf Rot-, Dam- und Rehwild. Muffelwild und auch Schwarzwild nehmen eine gewisse Sonderstellung ein. Muffelwild zeichnet ausgesprochen schlecht und auch häufig untypisch. Ein fehlendes Zeichnen bei dieser Wildart sagt nichts darüber aus, daß die Kugel nicht vielleicht doch ihr Ziel erreicht hat. Ebenso verhält sich das Schwarzwild, wobei hier noch „erschwerend" hinzu kommt, daß die meisten Sauen entweder flüchtig bei winterlichen Treib- oder Drückjagden beschossen werden oder aber die Beobachtungsmöglichkeit infolge denkbar schlechter Lichtverhältnisse (Mondschein, starkes Mündungsfeuer) stark eingeschränkt ist.

Beschränken wir also die Beschreibung des „klassischen" Zeichnens auf Rot- und Rehwild.

Bei einem **hohen Blattschuß** bricht das beschossene Stück schlagartig zusammen.

Bei einem **mittleren Blattschuß** macht das Stück häufig eine Hochflucht, stürmt blindlings fort, wobei Bäume und Sträucher angeflohen werden. Ist die Aorta (Hauptschlagader am Herz) getroffen, bricht das beschossene Stück auch bei einem mittleren Blattschuß im Feuer zusammen und verendet sofort.

Bei einem **tiefen Blattschuß** zeichnet das Stück mit einer steilen Flucht nach oben und stürmt fort. Bäume und Sträucher werden auch hier angeflohen. Die Fluchtstrecke bei den Blattschüssen ist meist relativ kurz.

Auf einen **Weidwundschuß** zeichnet das Wild manchmal nur durch ein kaum merkbares Zusammenzucken des gesamten Wildkörpers. Beim (meist nicht allzu schnellen) Wegflüchten kann man beobachten, daß das kranke Stück die Lauscher nach hinten legt. Sitzt die Kugel im kleinen Gescheide, so kann man häufig ein beidseitiges Ausschlagen der Hinterläufe beobachten. Weidwunde Stücke gehen, wenn sie in Ruhe gelassen werden, relativ schnell ins Wundbett. Sie ziehen jedoch dann gelegentlich noch sehr weit, wenn sie vorzeitig aufgemüdet werden.

Beim **Krellschuß** bricht das Wild in aller Regel wie vom Blitz getroffen zusammen, schlegelt mehr oder weniger intensiv und lange, wird oft blitzartig wieder hoch und flüchtet wie gesund weg. In einem solchen Falle – wenn also das beschossene Wild liegend stark schlegelt – ist immer sofort nachzuladen und im Anschlag zu bleiben, um ggf. sofort nachschießen zu können, wenn das Stück wieder hoch wird. Ein solcher „Fangschuß" muß u. U. auch spitz von hinten abgegeben werden, Rücksichtnahme auf etwaige Wildbretzerstörung ist hier aus Gründen vermeidbarer Schmerzen des Wildes völlig unangebracht. Während Krellschüsse im Winterhalbjahr meist ausgeheilt werden – solche Stücke sind oft nicht zur Strecke zu bringen – muß im Sommerhalbjahr damit gerechnet werden, daß auch Krellschüsse für das Wild tödlich sind. Wenn die Schußwunde nicht mit dem Lecker sauber gehalten werden kann, werden Fliegen ihre Eier in die Wunde ablegen, und das kranke Stück wird buchstäblich von den Maden bei lebendigem Leibe aufgefressen.

Nierenschüsse sind wohl die schmerzhaftesten Schüsse überhaupt. In aller Regel klagen die beschossenen Stücke bei solchen Treffern laut und anhaltend, sie brechen meist im Knall zusammen und schleppen sich – die gesamte Hinterhand ist im Regelfalle gelähmt – mit den Vorderläufen fort. Solche Stücke verenden jedoch meist rasch und in nicht allzu weiter Entfernung vom Anschuß, weil sie innerlich in sehr kurzer Zeit verbluten. Wenn ein solches Stück doch noch auf alle vier Läufe kommt, dann wird der Wedel oder Pürzel weggestreckt.

Auf **Leber- und Milztreffer** zeichnet das Wild ähnlich wie beim Weidwundschuß. Zumindest für die Praxis ist eine Unterscheidung kaum von Bedeutung

Äser- bzw. Gebrechschüsse sind so ziemlich das schlimmste, was dem betroffenen Wild und dem Schützen passieren kann. Häufig brechen solche Stücke im Knall zusammen wie ein Boxer bei einem „Knockout". Beim Wegflüchten wird häufig das Haupt geschüttelt und manchmal kann man den herabhängenden Unterkiefer (wenn der Schuß diesen zerfetzt hat) erkennen. Auch hier gilt ganz besonders: nachschießen auf jeden erreichbaren Körperteil, aus jeder Lage und auf jede Entfernung. Jeder Treffer erhöht die Möglichkeit, ein solches Stück doch noch zur Strecke zu bringen. Nur mit dem Äserschuß alleine ist dies oft genug unmöglich! Das Wild ist im Gebrauch seiner Läufe in keiner Weise behindert und flüchtet bis zum Umfallen. Selbst wenn man im Laufe der Nachsuche am Riemen an ein solches Stück herankommt, wird der geschnallte Hund es nur in seltenen Fällen bei der Hetze einholen und stellen bzw. niederziehen können. Für Nachsuchen auf äserkranke Stücke bedarf es immer mehrerer Schützen, die bei jeder Dickung vorgestellt werden und das kranke Stück beim „Hinauslancieren“ erlegen sollen. Ich habe mit dieser Taktik mehr Erfolg gehabt, als wenn ich versucht habe, das Stück durch Hetze zu bekommen.

Solange es noch jagdliche Ausbilder gibt, die ihren Zöglingen beibringen, daß man mit dem Zielstachel oder dem Fadenkreuz am Vorderlauf hochgehen solle, solange wird es wohl leider auch **Vorderlaufschüsse** geben, weil dann eben doch der möglicherweise sehr fein stehende Stecher um den Bruchteil einer Sekunde zu früh losgeht. Das Finden des Abkommens auf dem Wildkörper kann immer nur von oben nach unten gehen, niemals von unten nach oben.

Das Zeichnen auf solch einen **Vorderlaufschuß** kann recht unterschiedlich sein, mal knickt das Stück kurz nach der Seite hin ein, wo ihm die Stütze fortgerissen wurde, ein anderes Mal zeichnet das Wild auf einen hohen Laufschuß ähnlich wie auf einen tiefen Blattschuß, nämlich durch eine Hochflucht. Beim Flüchten kann man das Nachziehen oder Schlenkern des abgeschossenen Laufes oft gut erkennen. Immer noch kann man – sogar in Lehrbüchern – nachlesen, bei einem Laufschuß müsse man seinen Hund sofort schnallen. Hätte das Wild erst einmal gelernt, auf drei Läufen zu ziehen und zu flüchten, dann könne man es kaum noch bekommen. Viele Leute halten eben das, was sie jahrzehntelang falsch gemacht haben, für Erfahrung!

Auch ein Stück mit Laufschuß bekommt Wundfieber und wird „krank", es ist – so man es in Ruhe gelassen hat – nach Stunden oder am nächsten Tag leichter zu bekommen als durch Hetze unmittelbar nach dem Schuß. Ein in Ruhe gelassenes Stück geht auch mit einem Laufschuß relativ bald ins Wundbett und wird dort infolge Fiebers und Blutverlustes „steif". Der nach mindestens 5 bis 6 Stunden, besser noch am nächsten Tag (wenn der Anschuß abends anfiel) angesetzte Hund wird ein solches Stück leichter bei der Hetze stellen bzw. niederziehen als unmittelbar nach dem Schuß.

Gleiches gilt natürlich auch für **Hinterlaufschüsse!** Sie schweißen in aller Regel besser als Vorderlaufschüsse, da die Muskeln der Keulenpartie wesentlich mehr Gefäße enthalten als die dürftige Muskulatur im Bereich der Vorderläufe. Stücke mit Hinterlaufschüssen zeichnen meist sehr viel deutlicher als mit Schüssen am Vorderlauf, sie knicken hinten ein oder gehen gar mit der gesamten Keulenpartie zu Boden.

Die Behinderung beim Ziehen oder gar Flüchten ist auch erheblich größer als bei einem zerschossenen Vorderlauf. Die Hinterpartie ist in schwierigem Gelände als „Schub" notwendig, deswegen ziehen solche Stücke auch eigentlich niemals bergauf, sondern versuchen, am Hang die Null-Linie zu halten oder aber leicht bergab zu ziehen.

Reine **Wildbretschüsse,** also Streifschüsse am Außenbereich des Wildkörpers, werden meist vom beschossenen Stück nur andeutungsweise quittiert. Sie liefern meist im Anschußbereich massenhaft Schweiß, der jedoch rasch nachläßt und im weiteren Verlauf der Wundfährte sich völlig verliert. Man kann durchaus sagen: viel Schweiß am Anschuß, der rasch weniger wird, ist immer ein schlechtes Zeichen. Liegt jedoch am Anschuß weniger Schweiß, der im Verlaufe der Wundfährte zunimmt, dann ist das immer sehr viel positiver zu bewerten.

Zum Zeichnen ist noch zu sagen: Man kann gelegentlich beobachten, daß das beschossene Stück offenbar dem Schmerz der Schußwunde ausweicht, sich also bei Streifschüssen im oberen Körperbereich nach unten wegduckt, während es auf Streifschüsse im unteren Teil des Wildkörpers durch eine Hochflucht die Kugel quittiert.

Auch hier gilt während des Sommerhalbjahres, daß auch ein Streifschuß tödlich sein kann, wenn es dem Wild nicht gelingt, die Schußwunde sauber zu halten. Schwarzwild ist ganz besonders gefährdet, da es infolge seines starren Knochengerüstes sich überhaupt nicht lecken kann. Es versucht dies durch häufiges Suhlen auszugleichen, ob dies jedoch immer einen ausreichenden Schutz gegen die Mücken abgibt, wage ich zu bezweifeln.

Gehetztes Wild zeichnet schlecht und häufig gar nicht. Das gilt wiederum ganz besonders für das Schwarzwild, von dem ja wohl auch der größte Prozentsatz unserer heimischen Schalenwildarten auf Treib- und Drückjagden erlegt wird. Es reicht eben nicht aus, sich hier mit der rein optischen Betrachtung des Anschusses zufriedenzugeben. Es kann ja durchaus passieren, daß die Kugel das Wild bei voller Streckung des Wildkörpers erreicht und bereits Sekunden später das Loch in der Decke oder Schwarte ganz woanders sitzt als das Loch in der darunter liegenden Muskulatur. Und dann läuft der Schweiß eben nach innen und nicht nach außen, und der Jäger gibt sich mit einem Fehlschuß zufrieden, obwohl das beschossene Stück womöglich zum Zeitpunkt der Untersuchung des Anschusses bereits verendet ein paar hundert Meter weiter liegt.

Es gibt mittlerweile Gerichtsurteile, die besagen, daß der Jäger, der ein Stück Wild beschossen hat, dieses mit Hilfe eines auf der Wundfährte brauchbaren Hundes nachzusuchen hat. Dies gilt auch dann, wenn der Schütze glaubt, vorbeigeschossen zu haben! Die rein optische Untersuchung des Anschusses reicht nicht aus!

Oft steht das beschossene Wild nicht alleine, sondern in Rudel, Sprung oder Rotte. Das Verhalten der bei dem beschossenen Wilde stehenden Artgenossen läßt häufig Rückschlüsse darauf zu, ob das beschossene Stück die Kugel hat oder nicht. Steht der beschossene Rehbock mit seiner Ricke (in der Blattzeit beispielsweise) zusammen, und flüchten beide in die nahe Dickung, und die Ricke kommt wenig später unsicher und alleine zurück, so kann man ziemlich sicher sein, daß der Bock verendet in der nahen Dickung liegt.

Gleiches gilt, wenn das beim Alttier stehende Kalb beschossen wurde und beide in die nahe Dickung geflüchtet sind. Kommt das Alttier nach einer Weile alleine zurück, unsicher und zögernd, dann kann man getrost schon nach dem Nicker suchen, den man ja beim Aufbrechen benötigt.

Kranke Sauen, besonders mit Schüssen im Gescheide, brechen gelegentlich in der Fährte, wenn sie vom Flüchten in ruhigeres Ziehen übergegangen sind. Es ist dies ein ziemlich sicheres Zeichen dafür, daß das Stück sich bald niedertun wird, jedenfalls nach meiner Erfahrung.

Stücke mit Äser- bzw. Gebrechschüssen meiden im allgemeinen große und überdichte Dickungen, die ständige Berührung mit Ästen und vielleicht Dornen bereitet ihnen Schmerzen, und daher ziehen sie häufig an solchen Dickungen entlang, ohne sie jedoch anzunehmen. Nimmt ein solches Stück jedoch eine Dickung an, dann kann man ziemlich sicher sein, daß es sich dort auch gestreckt hat.

Krankes Rot- und Schwarzwild nimmt gelegentlich Bäche an und zieht im Wasser fort. Beim Rehwild habe ich das allerdings noch niemals beobachtet, jedoch schon manche Sau dadurch nicht zur Strecke bringen können. Das Folgen im Wasser **auf**

der Fährte des kranken Wildes ist naturgemäß für den Hund unmöglich. Hier hilft oft nur das weiträumige Absuchen der Uferränder nach dem Auswechsel. An diesem Auswechsel aus dem Wasser wird man nur sehr selten Schweiß finden, denn das kranke Stück hat sich ja im Wasser zunächst einmal sauber gewaschen, und es dauert meist eine ganze Weile, bis in der Wundfährte wieder Schweiß auf den Boden kommt. Also: wenn der Hund einen Auswechsel aus dem Bach, in den das kranke Stück hineingezogen ist, verweist und diesem folgen will, dann sollte man ihm – wenn auch nur zur Kontrolle – eine größere Strecke folgen, gerade weil man nicht erwarten kann, daß gleich am Auswechsel Schweiß zu finden ist.

Kälber, Frischlinge und Kitze werden, auch und gerade wenn sie krank geschossen wurden, ihre ganze ihnen noch verbliebene Kraft einsetzen, bei ihrer Mutter zu bleiben. Wenn sich Jungwild von Mutter und Geschwistern abtut, dann ist es eigentlich immer schwer krank und wird sich bald ins Wundbett begeben.

Ich habe bei meinen Hunden häufig feststellen können, daß sie größere Schwierigkeiten hatten, der Wundfährte eines in der Rotte verbliebenen Frischlings zu folgen. Im Schnee konnte ich etliche Male feststellen, daß es mehr ein Abtasten der gesamten Rottenfährte auf breiter Bahn war als ein strichgenaues Folgen der einzelnen Wundfährte. Ich führe dies darauf zurück, daß die in engem Körperkontakt im Kessel liegenden Frischlinge sich individuell in ihrer Körperwitterung kaum unterscheiden. Sie benutzen mehr oder weniger das gleiche „Deodorant". Erst wenn sich der Frischling von der Rotte absondert und alleine weiterzieht, dann ist auch das Folgen für den Hund leichter. Es ist also kein Faseln, wie man immer wieder von weniger erfahrenen Nachsuchenbegleitern zu hören bekommt, sondern eine ganz leicht zu erklärende Sache.

Zum „Zeichnen" des Wildes gehört auch das akustische Quittieren der Kugel. Während die wiederkäuenden Schalenwildar-

FESSELND UND SPANNEND...

. . . oder informativ – für jeden das Richtige. Möchten Sie unser vollständiges Buchprogramm kennenlernen?

Dann kreuzen Sie doch einfach an, über welches Interessengebiet Sie informiert werden möchten.

ten sehr selten klagen – und dann meist nur bei Nierenschüssen – sind Sauen weitaus „mitteilsamer“. Das Klagen ist nahezu die Regel bei Knochenschüssen, natürlich erst recht bei den äußerst schmerzhaften Nierenschüssen. Ich habe es aber auch schon erlebt, daß Sauen auf Weidwundschüsse geklagt haben. Am häufigsten klagen Frischlinge, auch noch gelegentlich Überläufer. Bei stärkeren Sauen ist das Klagen dann wieder seltener zu hören.

Unterscheiden sollte man das Klagen „im Schuß“, das eigentlich immer auf einen Treffer hindeutet, und das Quieken nach dem Schuß, wenn beispielsweise die Frischlinge beim blinden Davonstürmen in der dunklen Dickung kollidieren und dann auch schon einmal kurz quieken.

In diesem Zusammenhang noch ein paar Worte zum „Kugelschlag“, der oft genug als „Beweis“ für den Treffer angenommen wird. Je rasanter das Geschoß und je geringer die Schußentfernung, um so seltener wird man den Kugelschlag überhaupt hören. Je langsamer das Geschoß und um so weiter die Schußentfernung, um so deutlicher wird der Schütze oder ein entfernt sitzender Jäger den Kugelschlag vernehmen.

Sitzt die Kugel auf einem Knochen (Lauf beispielsweise), so wird sich der Kugelschlag hell und klatschend anhören, sitzt die Kugel auf dem Rumpf, so hört er sich dumpf und mehr dröhnend an. Aber: sitzt die Kugel hinter dem Stück auf einem Stein, so wird der Kugelschlag kaum von dem Fall zu unterscheiden sein, bei dem die Kugel auf einem starken Röhrenknochen aufgeschlagen ist. Eine rotfaule Fichte wird die Kugel dumpf klatschend quittieren und könnte dem Zuhörer einen Rumpftreffer suggerieren.

Also: Vorsicht beim Kugelschlag, er ist kein sicheres Zeichen dafür, daß die Kugel tatsächlich das Wild getroffen hat.

Frischer, hellroter, blasig-schaumiger Lungen- oder Drosselschweiß.

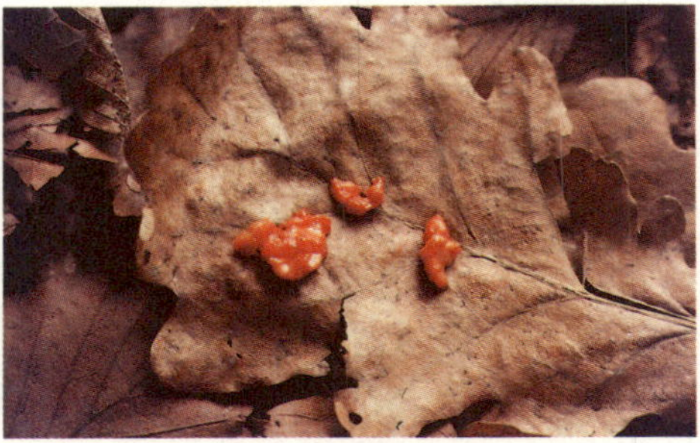

Lungenteilchen, von geronnenem Schweiß mitunter nur durch Zerreiben zwischen den Fingern zu unterscheiden. Das gleiche gilt für Leber- und Milzsubstanz.

Tiefroter, dickflüssiger Milzschweiß mit Substanz.

Im Gegensatz zur Leber weist die Milz eine feste Oberhaut auf.

Leberschweiß, häufig braunrot gefärbt und sich grießig anfühlend, mit Lebersubstanz.

Schweißspritzer eines flüchtigen Stückes. Die ausgezogene Spitze der Tropfen zeigt die Fluchtrichtung an.

Rotwild: Panseninhalt: grob zerkleinerte Äsung; Gescheideinhalt: fein zerkleinerte Äsung, oft mit Schweiß vermengt.

Rotwild: Labmageninhalt, hellgelb, breiig.

Rotwild: Panseninhalt, auf Nadelstreu oft schwer auszumachen.

Rotwild:
Gescheideinhalt mit
Schweiß auf Blättern.

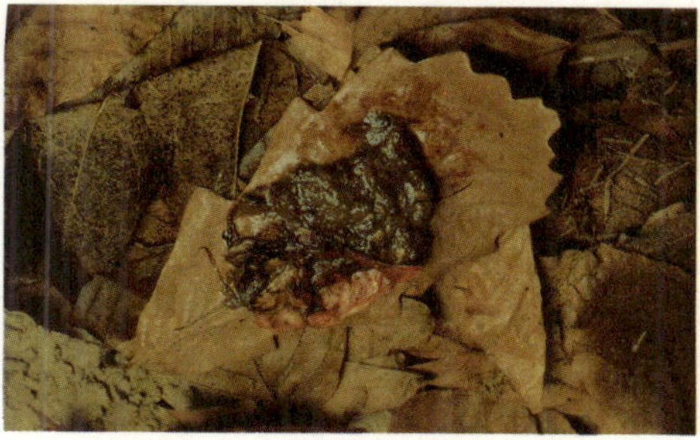

Rotwild:
Gescheideinhalt mit
verschmutztem
dunklem Schweiß.

Weidsackinhalt von
Schwarzwild, grob
zerkleinerter Fraß.

Schwarzwild: Gescheideinhalt, fein zerkleinerte Fraßreste, breiig, mitunter mit Schweiß vermengt.

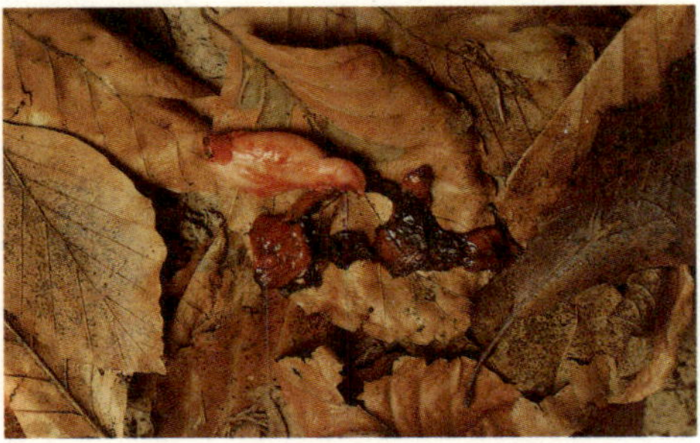

Schwarzwild: Gescheideteile mit -inhalt.

Schwarzwild: Weißes aus dem Innern mit Gescheideinhalt verschmutzt (tödlicher Schuß!).

Schwarzwild: Weißes unter Schwarte und mit Borsten (kann ein Streifschuß sein).

Laufröhrenknochen: feste harte Struktur, scharfkantige Bruchstellen ohne anhaftende Wildbretfetzen. Frisch fühlen sie sich fettig an. Auch etwas Knochenmark ist auf dieser Abbildung zu erkennen.

Splitter aus einem Gelenk: porös, oft mit Knorpelschicht von der Gelenkkugel bzw. -pfanne.

Weißes – Knochenmark – Inneres Weißes.

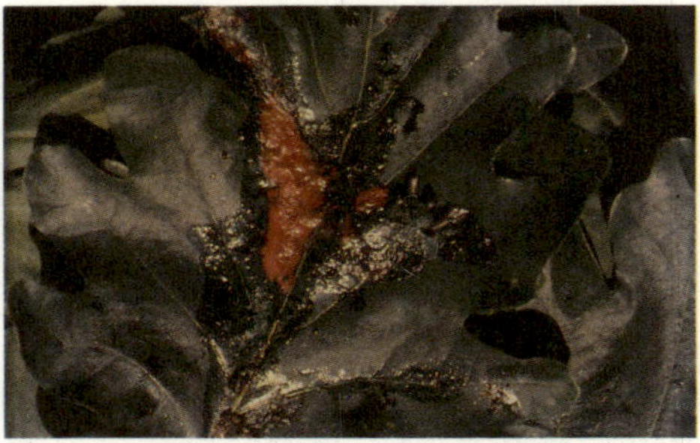

Hellroter Wildbretschweiß mit hineingelaufenem, zu kleinen Kügelchen gerinnendem Knochenmark. Fühlt sich fettig an. Die scheinbare Bläschenbildung kann leicht zur Verwechslung mit Lungenschweiß führen.

Rippensplitter: sehr poröser, leichter Knochen, unregelmäßige Bruchstellen.

Bei niedrigen Temperaturen gerinnt Knochenmark, kann dann auf Blättern wie Mehltau aussehen und wird als Pürschzeichen häufig übersehen.

Schwarzwild: Gebrech-Oberkiefer, meist leichte, dünnwandige Knochensplitter, Zahnteile.

Sau mit Schuß im Gebrech – das Schlimmste, was dem Wild und dem Jäger passieren kann!

Das Verhalten des Jägers vor und nach dem Schuß

Das richtige Verhalten des Jägers beginnt nach der richtigen Kaliberwahl damit, daß er sich genau merkt, wo das zu erlegende Stück steht, und zwar so, daß er diesen Punkt auch dann wiederfindet, wenn die Bühne nach dem Schuß leer ist. Das ist beispielsweise auf einer frisch gemähten Wiese gar nicht so einfach, wenn man jedoch vor dem Schuß daran denkt, wird man immer einen Anhaltspunkt finden, der nachher das Auffinden des Anschusses erleichtert. Aber natürlich rechnet **vor** dem Schuß kein Mensch überhaupt mit der Möglichkeit einer Nachsuche, und so beginnt **nachher** das große Suchen nach Anschuß und Pürschzeichen. Ich habe es schon erlebt, daß der Schütze glaubte, den Anschuß genau angeben zu können, nur – dort lag nichts, und der Hund zeigte sich völlig uninteressiert. Tatsächlich lag der Anschuß fast 50 Gänge weiter. In solchen Fällen hilft es nur, wenn man den zuverlässigen Hund sich selbst den Anschuß suchen läßt, wenn nötig, durch weiträumiges Umschlagen des gesamten Anschuß-Terrains, so daß man dabei in jedem Falle eine etwaige Wundfährte kreuzen muß.

Ich möchte behaupten, daß manches Stück in unseren Revieren verludert – und das mit manchmal guter Kugel –, weil der Schütze auf dem vermeintlichen Anschuß nichts gefunden hat und glaubt, er habe vorbeigeschossen. Nur dort, wo er gesucht hat, war der Anschuß gar nicht, und so konnte er dort auch nichts finden.

Ist der Schuß nun gefallen und das beschossene Stück weggeflüchtet, so wird allgemein geraten, eine „Zigarettenlänge" lang zu warten und dann auf dem Anschuß nach Pürschzeichen zu suchen. Nun sind nicht alle Jäger Zigarettenraucher

Die genaue Untersuchung des Anschusses ist die „halbe Ladenmiete"!
Foto: Ebner

(und es soll ja auch gar nicht gesund sein) und wissen daher auch nicht, wie lange diese berühmte Zigarettenlänge dauert. Man sollte sich an ganz anderen Kriterien orientieren.

Liegt der Anschuß nahe an einer Dickung, die das beschossene Stück angenommen hat, und besteht dadurch auch nur die geringste Gefahr, daß das möglicherweise in der Nähe stehende oder im Wundbett sitzende Stück den auf dem Anschuß herumsuchenden Jäger wahrnehmen kann, so ist es am besten, man geht still und leise nach Hause und wartet 3–4 Stunden oder bis zum nächsten Morgen, falls der Schuß im letzten Licht des Abends gefallen ist.

Ist das beschossene Stück jedoch weit weggeflüchtet, womöglich noch gegen den Wind, und ist von dort aus, wo man das Wild selbst zuletzt gesehen hat, der Anschuß nicht mehr zu eräugen, so besteht auch keine Notwendigkeit zu warten. In diesem Falle macht es keinen Sinn, womöglich noch das letzte Licht des Abends zu verschenken, sondern der Jäger kann und sollte den Anschuß aufsuchen, um festzustellen, ob die Kugel ihr Ziel erreicht hat und was eventuell für eine Nachsuche am nächsten Morgen zu veranlassen ist.

Kein ernstzunehmender Hundeführer wird eine Nachsuche in stockdunkler Nacht durchführen, auch wenn der Schütze noch so jammert, das Wildbret könne in einer warmen Sommernacht verhitzen. Die Sommernächte sind bekanntlich kurz, und nur in sehr seltenen Fällen habe ich es erlebt, daß ein Stück zwischen 21 Uhr abends (Anschuß) und 5 Uhr morgens (Nachsuche) verhitzt wäre. Sehr oft hingegen habe ich es erlebt, daß bei einer solchen Nach(t)suche das kranke Stück aufgemüdet und die Nachsuche dadurch erheblich erschwert wurde.

Nein, zu jeder ernsthaften Nachsuche ist volles Licht unabdingbare Voraussetzung, bei Sauen schon aus Gründen der eigenen Sicherheit. Was will der wackere Jägersmann denn machen, wenn ihn in stockfinsterer Nacht und ebensolcher Dickung die kranke Sau annimmt? Er kann sich weder selbst wehren noch seinem Hund helfen, der oft noch mehr gefährdet ist als er selbst.

Also: Nachsuche wird ohne „t“ geschrieben, sie ist eine ehrenwerte Tätigkeit, die das Licht des Tages nicht zu scheuen braucht.

Ich bin ein sehr konservativer Mensch und halte auch für meine Person das jagdliche Brauchtum in Ehren. Nur, was die Markierung des Anschusses angeht, da bin ich der Meinung, daß man auch Traditionen ablösen sollte, wenn man etwas Besseres hat.

Der Anschuß ist gerecht zu verbrechen - mit einer gerechten Holzart, versteht sich. Wo kriege ich in einer ausgedehnten Buchendickung einen gerechten Bruch her? Oder auf einer von Schwarzdorn eingerahmten Wiese? Nein, ich empfehle hier jedem, den endlich gefundenen Anschuß mit Klopapier oder Papiertaschentüchern zu markieren, „verbrechen“ kann man das ja sicher nicht nennen. Neben der abschreckenden Wirkung solcher weißer Papierfetzen gegen Eichelhäher, die gerne Lungen- oder Leberteilchen, aber auch Wildbretstückchen vom Anschuß aufnehmen und dem später hinkommenden Hundeführer die genaue Ansprache des Sitzes der Kugel erschweren, findet man einen solchermaßen markierten Anschuß wesentlich schneller wieder als einen gelegten Fichtenbruch in einem einförmigen, floraarmen Fichtenaltholz, in dem jeder Baum genau so aussieht wie sein Nachbar. Dieses Klopapier oder das Papiertaschentuch besteht überwiegend aus Zellulose und löst sich nach ein paar Regengüssen auf. Es belastet unsere strapazierte Umwelt weniger als das Öl, das jedes im Walde spazierenfahrende Auto automatisch verliert. Und wen es allzu sehr stört, der kann es ja wegnehmen, wenn der Hundeführer hinter seinem Hunde in der Dickung verschwunden ist.

Ich markiere mir auch im Laufe der Wundfährte gefundene Pürschzeichen (Schweiß u. ä.) ebenfalls mit Papier, das ich in

Augenhöhe auf einen Ast stecke. Auch dieses finde ich sehr viel schneller wieder, wenn ich einmal meinen Hund zum letzten Schweiß zurücknehmen muß.

Steht das zu erlegende Stück nicht völlig breit, so sollte man tunlichst mit dem Schuß warten, bis es zumindest optisch völlig breit steht. Wenn man erkennen kann, daß das Wild nicht absolut breit steht, dann steht es mit Sicherheit schon halbspitz und dies um so mehr, je schlechter das Licht ist.

Bedenken Sie bitte, daß der Weg des Geschosses durch den Wildkörper erheblich länger ist, wenn das Stück schräg steht, und oft genug fehlt dem Geschoß der letzte Schwung für den so wichtigen Ausschuß. Oft schon habe ich bei solchen „Schrägschüssen" den Geschoßkern auf der Ausschußseite unter der Decke gefunden, für ein Durchschlagen der Decke hatte der Schwung nicht mehr gereicht. ⅔ des Schweißes, den Sie später in der Wundfährte finden, stammt aus dem Ausschuß. Er ist im Regelfalle größer als der Einschuß, mit Sicherheit aber ist die Gewebezerstörung um den Ausschuß herum größer als um den Einschuß. Es ist daher auch von großer Bedeutung, daß der Schütze weiß, wie das Stück gestanden hat, als er es beschoß. Der Hundeführer sollte wissen, ob der links oder rechts der Fährte gefundene Schweiß aus dem Einschuß oder aus dem Ausschuß stammt.

Sagen Sie nicht, es sei doch selbstverständlich, daß der Schütze dies immer genau angeben könne. Glauben sie mir, es ist nicht so! Wie oft wird – besonders bei Sauen – auf einen dunklen Klumpen gefeuert, von dem der Schütze eben nicht sehen kann, wie herum die Sau steht. Wenn er nach dem Schuß noch erkennen kann, wohin sie geflüchtet ist, dann geht es ja noch, da auch kranke Sauen in aller Regel mit dem Gebräch nach vorne flüchten. Aber meist ist die Bühne leer, wenn die Blendung durch den Feuerstrahl abgeklungen ist, und der Jäger kann nicht einmal sagen, wohin das beschossene Stück geflüchtet ist.

Es gibt unter der Jägerei Kunstschützen, die mit dem Brustton der Überzeugung verkünden, ihr Wild liege stets mit Trägerschüssen im Feuer. Ich möchte nicht wissen, wie viele Stücke dabei verludern.

Beim Rehwild mag das ja noch angehen, bei dieser Wildart ist der Trägerdurchmesser so klein, daß das Geschoß doch in den allermeisten Fällen die Wirbelsäule berührt oder voll durchschlägt. Natürlich sind das dann wildbretschonende und auch sofort tötende Schüsse, aber dennoch muß ich dringend vor solchen Experimenten warnen. Bei anderen Wildarten als dem Rehwild sind solche Schüsse mehr als ein Ärgernis: Wer schon einmal tagelang einem Stück Rot- oder Damwild mit Drosselschuß nachgehangen hat und es schließlich nach Tagen erstickt aufgefunden hat, der wird mir zustimmen.

Nein, nicht umsonst ist die „10" auf der Rehbockscheibe nicht auf dem Träger, sondern drei Fingerbreiten hinter dem Blatt! Und dort gehört die Kugel auch hin.

Beim Rotwild, auch bei den Sauen, gehört die Kugel eine gute Handbreit hinter die gedachte Senkrechte der Verlängerung der rückwärtigen Kante des Vorderlaufes in Richtung Keulen. Dort sitzt die Lunge, und dort muß die Kugel sein, damit sie das Wild in kürzestmöglicher Zeit schmerzlos tötet.

Ob und wie lange wir noch jagen können und dürfen, hängt auch und nach meinem Verständnis sogar ganz entscheidend von unserem Verhalten in „Grenzsituationen" ab.

Es wird solange Wild krankgeschossen, als hinter dem Zielfernrohr keine seelenlosen Kunstschützen oder staatl. diplomierte Wildtöter sitzen, sondern Jäger, deren Seelenverfassung auch von der Aufregung beim Anblick der begehrten Trophäe beeinflußt wird. Unser aller Verantwortungsbewußtsein muß jedoch so geschärft sein oder werden, daß wir, wenn uns solch ein Krankschuß passiert ist, alles versuchen, dies wieder auszubügeln und dem betroffenen Wild die ihm zugefügten Leiden so kurz wie irgend möglich zu machen und es zu erlösen. Wer eine Nachsuche an seiner Reviergrenze abbrechen läßt, weil diese für ihn eine Größe darstellt, hinter der Weidgerechtigkeit und Tierschutz hinten anzustehen haben, der gräbt mit am Grabe unseres Jagdsystems.

Wem die „Ruhe“ in seiner womöglich einzigen Rotwild-Einstandsdickung mehr wert ist als eine ordnungsgemäße Nachsuche auf ein Kitz in eben diese Dickung hinein, der kann wirklich nicht von sich behaupten, er würde weidgerecht jagen.

An der Einstellung zur gerechten Nachsuche scheiden sich die Geister. Wer grundsätzlich nicht an selbstverursachten Nachsuchen teilnimmt, ist nach meinem Verständnis in dieselbe Kategorie einzureihen. Es kann durchaus Gründe geben, die es im Einzelfalle dem Schützen unmöglich machen, an der von ihm verursachten Nachsuche teilzunehmen. Dies wird jeder verstehen, Beruf und Familie haben bisweilen ihre Zwänge, denen man sich beim besten Willen nicht entziehen kann. Aber solche Ausnahmen meine ich nicht. Ich kenne Jäger – sogar durchaus prominente – die grundsätzlich nicht an selbst verursachten Nachsuchen teilnehmen, sondern dies anderen überlassen. Oft sind es dieselben Leute, die den Erfolg (der anderen) als selbstverständlich hinnehmen, sich aber entrüsten, wenn es einmal nicht geklappt hat, weil das beschossene Stück entweder infolge allzu geringer Schußverletzung nicht zu bekommen war oder aber derselbe Schütze unmittelbar nach dem Schuß alles so verdorben hat, daß selbst der erfahrene Hund dies nicht mehr ausbügeln konnte.

Sankt Hubertus hat einen großen Tiergarten. Wenn alle diejenigen, die bei allen möglichen Anlässen Reden über die Weidgerechtigkeit halten, einmal ein Jahr lang einen Schweißhundführer begleiten würden, ihre Reden wären weniger selbstgefällig, und der überstrapazierte Begriff „Weidgerechtigkeit“ würde gewiß seltener verwendet.

Die Nachsuche bei Organtreffern

Die eigentliche Nachsuche auf ein Stück Schalenwild, das nicht auf dem Anschuß oder in Sichtweite des Schützen verendet zusammengebrochen ist, beginnt mit dem Zeitpunkt, an dem Hundeführer und Hund sowie der Schütze den Anschuß untersuchen. Drei Stunden sollte der Anschuß schon mindestens alt sein, schon alleine deswegen, damit der eingesetzte Hund gezwungen ist, seine Nase herunterzunehmen und nicht in der noch über der Fährte stehenden Körperwittrung des geflüchteten Stückes mit hoher oder halbhoher Nase sucht.

Weist der Anschuß **eindeutig** aus, daß das beschossene Stück mit an Sicherheit grenzender Wahrscheinlichkeit zu diesem Zeitpunkt bereits verendet ist, so spielt der Tierschutz keine Rolle mehr. Das beschossene Stück lebt ja nicht mehr, es ist hier nur noch die Verwertbarkeit des bereits verendeten Stückes, die von Bedeutung ist.

In aller Regel (Ausnahmen gibt es natürlich überall) liegt ein solcher Fall vor, wenn Organteile auf dem Anschuß liegen. Bei dem weichen Rehwild möchte ich behaupten, daß weit über 90 % aller Stücke, auf deren Anschuß Organteile liegen, nach mindestens drei Stunden verendet sind. Bei dem sehr harten Schwarzwild ist das ein wenig anders, eine Sau mit Leberschuß lebt häufig nach drei Stunden noch und kann sich noch erheblich für den schlechten Schuß rächen, nur trifft diese Rache in den seltensten Fällen den Verursacher, sondern den Hundeführer und/oder seinen Hund.

Da ich aber im Rahmen eines kleinen Sachbuches über die Nachsuche auf Schalenwild irgendwo eine Grenze ziehen muß, möchte ich zwischen leichteren Nachsuchen (mit Organteilen am Anschuß) und den schwierigeren Suchen, bei denen der Treffer so genau nicht angesprochen werden kann, unterscheiden – so, als wäre die Grenze scharf.

Auf Anschüssen der erstgenannten Art kommt der Schütze nicht mit dem Tierschutz in Konflikt, wenn er hier seinen eigenen, wenig oder gar nicht geübten oder von der Rasse her sogar ungeeigneten Hund ansetzt.

Wir werden es ohnehin nicht ausschalten können, daß jeder Jäger, der einen Jagdhund führt (egal welcher Rasse), diesen Hund auch gelegentlich auf der Wundfährte arbeiten möchte. Wenn sich dies auf Einsätze der oben beschriebenen Art beschränken würde, wären wir einen sehr großen Schritt weiter. Natürlich muß jeder Hund seine Erfahrungen auf der Wundfährte sammeln können, dies kann und darf jedoch nur auf „echten" Wundfährten stattfinden, deren Verursacher mit an Sicherheit grenzender Wahrscheinlichkeit bereits verendet ist. Jedes Probieren auf Wundfährten, bei denen das beschossene Stück mit der gleichen Wahrscheinlichkeit noch lebt, ist hochgradig unweidmännisch und auch vom Tierschutzauftrag her abzulehnen. Dies kann nicht oft genug wiederholt und nicht eindringlich genug dargelegt werden.

Auch auf Wundfährten leichterer Art kann und darf es nur die Arbeit **am langen Riemen** geben. Es gibt keine „undurchdringlichen" Dickungen, das lasse ich allenfalls einmal für Schwarzdornverhaue gelten, nicht aber für ganz normale, „forstliche" Dickungen. Da kommt man immer durch!

Nur der Schweißriemen zwingt den Hund zu der für jede Fährtenarbeit notwendigen Konzentration. Das Schnallen auf dem Anschuß hat mit Nachsuche nicht das geringste zu tun, auch dann nicht, wenn der eingesetzte Hund ein teurer Totverbeller oder Totverweiser ist. Auf Sinn oder Unsinn dieser Dressurfächer komme ich später noch eingehend zurück.

Nachsuchenarbeit ist Riemenarbeit, alles andere ist „Frei-verloren-Suche" und hat mit ernsthafter Nachsuchenarbeit so wenig zu tun wie das Robbenschlachten mit Jagd.

Die Nachsuche bei sonstigen Treffern

Ergibt die eingehende Prüfung des Anschusses kein klares Bild über den Sitz der Kugel oder liegen dort beispielsweise Knochensplitter, die mit hoher Wahrscheinlichkeit erwarten lassen, daß das beschossene Sück erst nach **Riemenarbeit und Hetze** zur Strecke zu bringen ist, so muß ohne jeden Zeitverlust und erst recht ohne Herumprobieren mit ungeeigneten und/oder ungeübten Hunden sofort ein erfahrener Nachsuchenspezialist herangeholt werden. Ein „Probieren" auf einer Fährte, deren Anschuß klar einen Laufschuß ausweist (Sau) mit einem Zwergteckel (beispielsweise) kann nicht akzeptiert werden!

Wer sich in unseren deutschen Landen ernsthaft um einen erfahrenen Nachsuchenspezialisten bemüht, der wird einen finden, der in zumutbarer Entfernung wohnt. Das Netz guter Nachsuchengespanne ist überall so dicht, daß man auch ein solches Gespann bekommt, wenn man sich nur ernsthaft darum bemüht. Es darf nicht sein, daß ein Jäger, der einige tausend Mark für seine Jagdpacht ausgibt, die Erstattung der Fahrtauslagen für den Hundeführer scheut, wenn dieser auch mal aus 50 oder gar 100 km Entfernung anreisen muß.

Natürlich kann es nach einer strahlenden Vollmondnacht einmal passieren, daß tatsächlich alle Nachsuchengespanne der Umgebung „ausgebucht" sind, und nur in einem solchen Falle ist es dann zu verantworten, mit seinem eigenen (unerfahrenen) Hund **am Riemen** zu versuchen, die Wundfährte wenigstens ein Stück voran zu bringen. Manchmal hilft ja auch der Freund Zufall, nur verlassen darf man sich auf ihn nicht.

Zur Hetze geschnallt! Foto: Ebner

In dem Augenblick, in dem der Hundeführer den Schweißriemen abdockt, übernimmt er die Leitung der Nachsuche. Natürlich wird ihm die örtliche Kenntnis der Wechsel im Regelfalle unbekannt sein, und er wird dankbar die Hilfe seiner ortskundigen Begleiter annehmen, aber er bestimmt, was zu tun und zu lassen ist.

Die Begleitmannschaft, die bei manchen Schüssen, besonders bei Äser- bzw. Gebrechschüssen, unbedingt notwendig ist, muß eine disziplinierte Mannschaft sein, auf die sich der Hundeführer blind verlassen kann.

Es kann nicht angehen, daß eine große Dickung umstellt wird und der Hundeführer sich stundenlang in derselben abmüht, während es seinen Begleitern zu langweilig wird und diese ihre Stände einfach verlassen. Sagen Sie nicht, so etwas käme nicht vor!

Es muß klar gesagt werden, wenn von der Regel, daß nur und ausschließlich der Hundeführer den Fangschuß abgibt, abgewichen werden soll. Dies kann dann zweckmäßig sein, wenn aufgrund der Schußverletzung nicht erwartet werden kann, daß der geschnallte Hund das kranke Stück bei der Hetze einholen und stellen wird (dies gilt wiederum besonders für Schüsse, bei denen das kranke Stück im Gebrauch seiner Läufe nicht behindert ist).

Die Regel aber muß sein, daß nur der Hundeführer den Fangschuß abgibt. Dies gilt immer dann, wenn der geschnallte Hund das Stück bereits eingeholt und gestellt hat. Selbst wenn der Standlaut unmittelbar vor einem der vorgestellten Schützen ertönt, darf dieser nicht seinen Stand verlassen und versuchen den Fangschuß anzutragen. Es ist ein Wunder, daß in solchen Situationen nicht schon mehr Unfälle passiert sind.

Wenn von dieser Generalregel abgewichen werden soll, dann nur nach vorheriger klarer und zweifelsfreier Absprache. Wenn die Hetze sehr weit und damit „aus dem Ohr" gegangen ist, ist es natürlich sinnvoll, daß **der** den Fangschuß anträgt, der bei weiträumigem Abhorchen und Abfahren zuerst an den Standlaut kommt. Aber es muß klar abgesprochen sein, damit sich nicht der Hundeführer und Jäger aus der Begleitmannschaft gegenseitig die Kugeln um den Kopf schießen.

Die Ausrüstung des Hundeführers

Beginnen wir auch hier beim wichtigsten Teilnehmer an jeder ernsthaften Nachsuche, dem Hund. Die Schweißhalsung muß breit und ausgepolstert sein, damit sie den Hund bei seiner Arbeit mit tiefer Nase nicht drückt und womöglich einschneidet. Der Wirbel, an dem der Schweißriemen befestigt wird, muß gut vernietet sein, möglichst mit einer kleinen Metallplatte an der Innenseite der Halsung. Der Schweißriemen ist an der Halsung mit einer Schnalle befestigt, niemals mit einem Karabinerhaken. Beim Schnallen des Hundes wird ihm stets die Halsung mitabgenommen, kein vernünftiger Hundeführer schnallt seinen Hund am letzten Wundbett **mit der Halsung.** Allzu leicht kann der Hund sich im Dornenverhau festhängen und – je nach der Wehrhaftigkeit des gestellten Wildes – dabei verletzt oder gar getötet werden. Also, die Halsung bleibt immer am Schweißriemen. Ich kann mich kaum erinnern, wann ich einmal die Halsung vom Riemen abgenommen hätte, von mir aus könnten auch statt der Schnallenverbindung Halsung und Riemen untrennbar miteinander verbunden sein.

Der Schweißriemen besteht im Regelfalle aus Leder und sollte möglichst rundgeschnitten, also **ohne Nähte** sein! Nähte sind immer Sollbruchstellen, sie weichen vor allem im tauenden Schnee auf und reißen bei starker Beanspruchung, wenn der Hund beispielsweise in den Riemen springt in dem Moment, in dem das kranke Stück vor ihm aus dem Wundbett aufsteht.

Ich habe mir genähte Schweißriemen immer vom Schuster zusätzlich nieten lassen, der Sicherheit wegen.

Manche Schweißriemen haben am Ende eine Schlaufe. Es ist am besten, man trennt diese vor der ersten Benutzung auf, sie hat keinerlei praktischen Nutzen, kann aber für den Hund tödlich sein, wenn das passiert, was eigentlich nie passieren sollte, daß nämlich der Hund mit dem schleppenden Riemen loshetzt. Er wird sich mit Sicherheit bald an einem Ast mit eben dieser Handschlaufe festhängen. Ist er gut erzogen, wird es sehr lange dauern, bis er sich abschneidet, unter Umständen verhungert er, ehe der Lebenswille bzw. der Selbsterhaltungstrieb über die gute Erziehung siegt.

Alle Lederteile, also Halsung und Riemen, muß man in regelmäßigen Abständen einfetten, damit sie nicht brüchig werden.

Je nach Größe bzw. Stärke des Hundes muß der Schweißriemen 2–3 cm breit sein. Ist der Hund noch jung oder sehr temperamentvoll, so wird es der Führer zu schätzen wissen, wenn ihm der Schweißriemen nicht in die Hände einschneidet. Sehr gute Erfahrungen habe ich mit einem nahtlosen Schweißriemen aus gummiertem Leinen gemacht, dasselbe Material also, aus dem auch Treibriemen hergestellt sind.

Ein solcher Riemen ist absolut pflegefrei und unverwüstlich. Er hat dazu noch den Vorteil, daß er sich nicht – wie der Lederriemen – mit Nässe vollsaugt und dadurch schwerer wird.

Wenn man bisweilen erlebt, daß ein Jäger mit seinem Hund eine Nachsuche beginnt, der Hund ein Stachelhalsband anhat und der Schweißriemen aus einem Nylon-Wäscheseil besteht, dann weiß man sofort, wes Geistes Kind dieser „Hundeführer“ ist.

Die Nachsuchenwaffe ist vernünftigerweise immer eine Repetierbüchse! Kipplaufwaffen sind weniger geeignet, der Verschluß hält die Beanspruchung meist nicht sehr lange aus. Sie sind außerdem auch teurer, und es spricht auch sonst nichts für ein solches Gewehr, vieles jedoch für einen robusten Repetierer.

Der Lauf der Nachsuchenwaffe sollte nicht länger sein als maximal 45 cm. Wenn möglich, sollte die Riemenhalterung seitwärts angebracht sein, die Waffe trägt sich dann angenehmer quer über dem Rücken.

Eine bedeutende deutsche Waffenschmiede hat einen speziellen Nachsuchen-Repetierer herausgebracht, der von Hause aus recht kurz und führig ist, dazu eine Mündungsklappe und seitwärts angebrachte Riemenbügel hat. Aber – billig ist diese Nachsuchenbüchse nicht gerade, und nur wenige werden sie sich leisten können. Ich habe meine bisher rund eintausend Nachsucheneinsätze mit abgesägten 98er Repetierbüchsen heil durchgestanden, sie haben mich nie im Stich gelassen. Die Mündung verklebe ich mit grellgelbem Tesa-Band (**kein Film,** der sich garantiert bei starker Nässe aufrollt und doch Wasser und Ästchen in den Lauf gelangen läßt), das ich so anbringe, daß ich es mit einem Ruck abreißen kann, wenn dazu noch genügend Zeit ist. Die Waffe hat es jedoch bisher immer heil überstanden, wenn ich einmal im Eifer des Gefechtes auf die annehmende Sau durch das Band hindurchschießen mußte.

Der 98er Repetierer hat noch einen weiteren Vorteil, und das ist seine robuste und unbedingt zuverlässige Flügelsicherung, die auch die Kammer gegen unbeabsichtigtes Öffnen durch einen hakenden Ast absichert.

Ich stopfe das Magazin meiner Nachsuchenbüchse stets voll „bis zum Rand", **unterlade** jedoch dann, spanne und sichere. Es kann so nicht das geringste passieren, ich kann dennoch in Bruchteilen von Sekunden durch einfaches Repetieren die Waffe gefechtsklar machen. Daß auch ein „billiger", abgesägter Repetierer ein Mindestmaß an Pflege braucht, ist klar. „Jägergold" (Rost) auf dem Lauf ist auch für die Schweißhundführer kein besonderes Aushängeschild.

Jagdhorn und Weidblatt sind nützliche Requisiten, ich habe mir es jedoch in den letzten Jahren abgewöhnt, diese Utensilien mitzunehmen. Bei mir enden 8 von 10 Nachsuchen in wilden Schwarzdornverhauen, und hier ist oft nur robbend

---

Es kann losgehen! Die Nachsuchenwaffe darf nicht über die Schulter hinausragen, also maximale Lauflänge 45 cm! Foto: Ebner

durchzukommen. Jedes Gramm unnötiger Ballast rächt sich bitter, und wenn man dann noch alle paar Meter mit dem Horn im Schwarzdorn hängenbleibt, dann läßt man diese Dinge besser zu Hause.

Sehr wichtig ist die eigentliche Nachsuchenbekleidung! Sie muß relativ wasserdicht und reißfest sein, Gummijacken oder Hosen sind wenig geeignet, man schwitzt erheblich, wie in einer Sauna.

Naß wird man bei einer längeren Nachsuche auf jeden Fall, wenn nicht von außen, dann von innen. Es gibt im Handel sehr robuste Überjacken und Überhosen, aus reißfestem Leinen, das vom Erzeuger gewachst geliefert wird und das man mit mitgeliefertem Wachs ständig nachimprägnieren kann. Diese Kleidungsstücke sind nicht gerade billig, haben sich aber hervorragend bewährt.

Gummistiefel mit kräftiger Gummisohle (keine Plastiksohle) sind m. E. empfehlenswert: Wie oft muß man durch einen Bach, und mit nassen Füßen infolge Lederschuhen bekommt man zwar das nachgesuchte Stück nicht unbedingt, mit Sicherheit aber einen kräftigen Schnupfen. Und das muß ja nicht sein.

Ich trage bei Nachsuchen eine normale Forst-Dienstmütze. Bei diesem Kleidungsstück sind der Phantasie keine Grenzen gesetzt, da kann es jeder halten, wie er will. Sehr zweckmäßig ist es, die Kopfbedeckung durch einen Gummizug unter dem Kinn zu fixieren. Es ist schon lästig, wenn man sich alle paar Schritte in einer Dickung nach seinem verlorenen Chapeau umsehen und dabei den Hund anhalten muß.

Wichtig sind derbe, große Arbeitshandschuhe. Groß deswegen, damit man im Ernstfalle sie rasch abstreifen oder wegschleudern kann, wenn man sich seiner Haut wehren muß. Im Schwarzdorn oder auch in der Brombeere sind die Handschuhe absolut notwendig, man kann sonst hinterher wochenlang die eiternden Dornen aus den Händen klauben.

Die Vollmachten des Hundeführers

Reviergrenzen sind willkürliche Linien, die dem Wild mit Sicherheit nicht bekannt sind. Je kleiner unsere Reviere gemacht werden, um so häufiger wird es passieren, daß krankes Wild über Reviergrenzen wechselt. Es wäre daher nicht nur wünschenswert, sondern m. E. eine absolute Notwendigkeit, daß den überörtlich tätigen Hundeführern durch die Jagdausübungsberechtigten eines bestimmten Gebietes (Hegering, Kreisgruppe) gestattet würde, im Zuge begonnener Nachsuchen Reviergrenzen auch ohne vorherige Benachrichtigung des Jagdausübungsberechtigten zu überschreiten. Wir haben die Verpflichtung, krankes Wild so schnell wie möglich von seinen Leiden zu erlösen, da dürfen Reviergrenzen keine Hindernisse sein. Jeder Jagdpächter, der sich hier verweigert, sollte bedenken, daß er morgen in dieselbe Situation kommen kann und dann auch erwartet, daß die Nachsuche nicht durch Grenzverläufe unnötig erschwert wird.

Gewiß, mancher Jäger läßt sich nur sehr ungern in die Karten schauen, und der Hundeführer sieht natürlich in den Revieren so manches, was besser nicht an das Licht der Öffentlichkeit käme. Aber ich meine, daß das Image der Jäger auch dadurch beeinflußt wird, wie wir uns bei selbstverschuldeten Fehlern zu Lasten des Wildes verhalten.

Hier sind aber weniger die Hundeführer als die Funktionäre unserer Jagdverbände bzw. Jagdbehörden (Kreisjägermeister) gefordert, in ihrem Verantwortungsbereich für Klarheit zu sorgen. Es muß doch möglich sein, in einem bestimmten Gebiet einer gewissen Zahl vertrauenswürdiger Hundeführer, die natürlich namentlich bekannt und benannt sein müssen, das Überschreiten von Reviergrenzen zu gestatten. Man sollte sich nicht scheuen, Jagdausübungsberechtigte, die sich hier sperren, bekannt zu machen und damit auch milden Druck auf sie auszuüben, sich einer solchen Vereinbarung anzuschließen.

Nachsuchen-Folge-Vereinbarung

Den Hundeführern: a)

b)

c) usw.

wird gestattet, im Zuge begonnener Nachsuchen auf krankes Schalenwild ohne vorherige Benachrichtigung die Grenzen meines Reviers

____

mit Hund und Waffe, gegebenenfalls in Begleitung weiterer, nicht bewaffneter Begleiter zu überschreiten.

Der jeweilige oben benannte Hundeführer verpflichtet sich, das zur Strecke gebrachte Wild ordnungsgemäß zu versorgen und nach jeder erfolgten Nachsuche (egal, ob erfolgreich oder nicht) mich oder meinen Beauftragten zu informieren.

Name und Anschrift meines örtlich zuständigen Beauftragten / Jagdaufsehers:

____

____

Telefon: ________________________________

Datum: ______________ Telefon: __________________

____

Jagdausübungsberechtigter

Die Einarbeitung des Schweißhunds

Ebenso alt wie die Rasse „Hannoverscher Schweißhund" ist die Einarbeitung dieses Hundes auf der beobachteten, gesunden Fährte einzeln gezogenen Hochwildes. Weil sie in dieser Konsequenz nur unter den „Hirschmännern" praktiziert wurde, hat sich die Bezeichnung „Hirschmannschule" für diese Form der Einarbeitung bis heute erhalten. Dieser Form der Einarbeitung des Nachsuchenspezialisten liegen folgende Gedankengänge zugrunde:

1. Der junge Hund lernt so von Anfang an, sich an der individuellen Wittrung des Stückes zu orientieren, das diese Fährte gezogen hat. Obwohl meines Wissens bis heute noch nicht wissenschaftlich wasserdicht bewiesen wurde, daß es diese individuelle Wittrung beim Wild überhaupt gibt, muß man davon ausgehen – wie anders wären die bisweilen unglaublichen Leistungen auf uralten, längst nicht mehr schweißenden Wundfährten zu erklären.
2. Der junge Hund lernt weiterhin, sich an der Bodenverwundung zu orientieren, die jedes auf Schalen ziehende Stück Wild hinterläßt. Es wird ja nicht nur der Boden durch die Schalen aufgerissen, es werden auch Pflanzen abgeschnitten oder abgequetscht. Auch sie geben eine Wittrung ab, die sich für die Hundenase deutlich von der Umgebung unterscheidet.

Der Schweiß spielt also bei der „Hirschmannschule" überhaupt keine Rolle. Er kann ja auch im Ernstfalle völlig fehlen, zumal, wenn mit viel zu kleinen und schwachen Patrönchen auf starkes Wild geschossen wurde. So ist der Schweiß in der „echten" Wundfährte für den Hund eine willkommene Zugabe und Erleichterung für seine Arbeit. Und hierin liegt meines Erachtens der ganz entscheidende Unterschied zu allen anderen Einarbeitungsmethoden, vielleicht ausgenommen die Einarbeitung mit dem Fährtenschuh, auf die ich noch zu sprechen kommen werde.

Hat der Hund gelernt, sich an der Individualwitterung plus Bodenverwundung plus verletzte Pflanzen und deren Geruch zu orientieren, wird er – so meine feste Überzeugung – eher in der Lage sein, einer echten Wundfährte zu folgen, als wenn während der Einarbeitungszeit der gespritzte oder getupfte Schweiß die alleinige Richtschnur seiner Arbeit gewesen ist, zumal dieser auf wirklich schwierigen, alten Wundfährten meistens Seltenheitswert besitzt.

Die Einarbeitung nach der traditionellen Hirschmannschule bedingt natürlich, daß der Führer eines jungen Schweißhundes ein Hochwildrevier zur Verfügung hat. Wer viel „draußen“ ist, für den wird sich oft genug die Gelegenheit bieten, mit seinem Hund eine solche beobachtete Fährte von einem einzelnen Hirsch oder einem Tier mit Kalb zu arbeiten. Die Stehzeit einer solchen gesunden Fährte muß natürlich dem Entwicklungsstand des Hundes angepaßt werden. Beim absoluten Neuling fange ich schon nach wenig mehr als einer Stunde an, bei dem schon fast fertig eingearbeiteten Hund lasse ich eine solche Fährte durchaus auch einmal über Nacht stehen, ehe ich ihn zur Fährte lege. Natürlich spielen gerade bei der gesunden Fährte die auf diese einwirkenden Witterungseinflüsse eine große Rolle. Starker Sturm, scharfer Frost oder Gewitterregen können eine „normale“ gesunde Fährte so auslaugen, daß wirklich nichts mehr da ist, woran sich der Hund orientieren könnte. Die Fährte eines ruhig gezogenen Stückes wird naturgemäß rascher „verblassen“ als die Fährte eines hochflüchtigen Stückes, bei dem die Bodenverwundung auch sehr viel größer sein wird.

Natürlich darf ich eine solche beobachtete Fährte nur so weit arbeiten, wie ich mit Sicherheit weiß oder zweifelsfrei kontrol-

Zügig folgt der junge Hannoversche Schweißhund der einige Stunden zuvor beobachteten Fährte eines einzeln gezogenen Stückes Hochwild.

lieren kann, daß der Hund noch der Ansatzfährte folgt. Wenn ich dies nicht konsequent beachte, dann werde ich meinen Hund förmlich zum Changieren verleiten. Jedes Überwechseln auf eine andere als die Ansatzfährte muß ich unterbinden können, denn ich will den Hund ja zur Fährtenreinheit erziehen, nicht zum Changieren.

Ein ganz besonderes Problem für diese Form der Einarbeitung ist das allgegenwärtige Rehwild, das ich ja mit dem Hannoverschen Schweißhund – zumindest in den ersten fünf Lebensjahren – überhaupt nicht arbeite.

Ich war bei meinen Schweißhunden mit folgender Methode der Rehwild-Verleidung sehr erfolgreich:

Sobald sich der junge Schweißhund erkennbar für frische Wildfährten interessiert, schneide ich mir eine leichte, dünne Rute, stecke sie in den rechten Stiefel und nehme meinen jungen „Hirschmann“ an den Riemen. Jeder, der sein Revier auch nur ein wenig kennt, weiß, wo er mit an Sicherheit grenzender Wahrscheinlichkeit Rehwild antreffen wird. Dorthin lenken wir unsere Schritte.

Sobald Rehwild vor uns abspringt, gehe ich mit dem Hund über die nagelfrischen (und für jeden Hund so überaus verlokkenden) Rehfährten. Natürlich wird er nun versuchen, ihnen am Riemen zerrend stürmisch zu folgen. Nun tritt die Rute in Aktion, mit einem deutlichen „Pfui – Reh“ bekommt er einen durchaus nicht zimperlichen Gertenhieb.

Wenn man dies 20- oder 30mal so gemacht hat, wird der Hund schon beim geringsten Hauch von Rehwittrung die Rute einklemmen, er hat gelernt, daß Rehwittrung etwas Unangenehmes für ihn ist.

In dieser Zeit, in der ich ihm die Rehe „austreibe“, mache ich es beim Kreuzen frischer Rot-, Muffel- und Schwarzwildfährten genau umgekehrt. Beim Anfallen wird er gelobt und bekommt einen Brocken. Natürlich folge ich mit dem Hund einer so brandheißen Hochwildfährte allenfalls einen oder zwei Meter, sie ist viel zu frisch, als daß er gezwungen wäre, seine Nase am Boden zu halten.

Dieses „am-Boden-Bleiben-mit-der-Nase“ ist auch der ausschlaggebende Maßstab für die zu wählende Stehzeit einer gesunden Fährte. Steht noch die Körperwittrung des Stückes über der Fährte, ist es in jedem Falle zu früh! Der Hund wird mit hoher oder halbhoher Nase arbeiten, er braucht sich ja nicht anzustrengen. Es ist überhaupt nicht tragisch, wenn die Fährte reichlich alt ist und der Hund sich gegebenenfalls einmal sehr anstrengen muß, um sie vorwärts zu bringen. Man muß jedoch unbedingt vermeiden, auf zu frischen Fährten zu arbeiten, auf denen der Hund seine Nase gar nicht am Boden halten muß, um die Fährte voran zu bringen.

Die klassische Hirschmannschule verbietet grundsätzlich jeden Einsatz des Hannoverschen Schweißhundes auf der Rehfährte. Mehr oder weniger konsequent wird das auch heute noch von den meisten Führern Hannoverscher Schweißhunde beachtet. Der Grund dafür sind jedoch nicht etwa Überheblichkeit oder Arroganz der Hirschgerechten gegenüber dem ordinären Rehwild, sondern durchaus handfeste Argumente:

Rehwild (Muffelwild übrigens auch) sondert aus den Zwischenzehendrüsen Duftstoffe ab, die seine Fährte für jeden Hund so überaus anziehend macht. Jeder Hund wird – wenn man ihn nicht beeinflußt – die Rehfährte infolge dieser attraktiven Witterung der Fährte einer anderen Wildart vorziehen. Rehwild ist in unseren Landen allgegenwärtig. Wo Rot- und Schwarzwild seine Fährte zieht, ist (außer in Gatterrevieren) auch immer Rehwild zu Hause. Jede übernächtigte Fährte eines Hirsches oder einer Sau von mehr als hundert Metern Länge wird von Rehfährten gekreuzt. Jeder Hund wird versucht sein, einer solchen Verleitung zu erliegen, dies um so mehr, je weniger interessante Duftstoffe die Ansatzfährte abgibt (also beispielsweise bei einem harmlosen Streifschuß).

Wenn wir uns also die Leistungsfähigkeit und die Leistungsbereitschaft der Schweißspezialisten auf der Hochwildwundfährte erhalten wollen, dann darf in den Jahren der Ausbildung unserer Hunde und des Heranreifens zur Hochleistung kein Rehwild gearbeitet werden, ja es muß ihnen sogar verleidet werden.

Dies schließt nicht aus, daß man mit einem alten, erfahrenen Routinier durchaus auch einmal Rehwild arbeiten kann, ohne daß dies dann für den Hund und seine Verläßlichkeit negative Folgen hätte. Ich habe meiner jetzt 11jährigen Hannoveranerin im Alter von 8 Jahren erstmalig eine Wundfährte eines Rehbockes „angeboten". Sie bewindete den Anschuß und schaute mich dann an, als verstehe sie die Welt nicht mehr. Alle paar Meter schaute sie sich um und vergewisserte sich, ob ich ihr noch folgte. Sie war sich ihres Auftrages durchaus nicht sicher, und ich mußte ihr erheblich zureden. Von „zügigem" Arbeiten konnte keine Rede sein.

Es dauerte eine ganze Weile, bis sie sich „traute", auch den Rehwild-Wundfährten mit derselben Zielstrebigkeit und Konzentration zu folgen, wie das bei Wundfährten anderer Wildarten für sie selbstverständlich war.

Man könnte jetzt irrigerweise aus meinen Darlegungen schließen, daß das Arbeiten von Reh-Wundfährten für jeden Hund eine ganz einfache Sache sein müßte, wenn die Fährtenwitterung so überaus anziehend ist. Dem ist jedoch nicht so! Das Rehwild gehört zu den äußerst standorttreuen Wildarten und zieht auch krank nicht sehr weit. Ja, man könnte bisweilen den Eindruck gewinnen, daß gerade krankes Rehwild unbedingt seinem „normalen" Einstand zustrebt. Hat ein beispielsweise laufkrankes Stück Rehwild seinen Einstand erreicht, so zieht es oft stundenlang auf engstem Raum umher und legt somit für den folgenden Hund ein kaum zu entwirrendes Labyrinth von Fährten an, die sich Dutzende Male kreuzen und auch dem erfahrenen Hund die Folge ungemein erschweren.

Hier wird der Hund unweigerlich versagen, der das Bogenschlagen („Rezept des jagenden Hundes") nicht beherrscht. Viele unerfahrene Hundeführer behindern ihren Hund oft ganz erheblich oder unterbinden dieses Bogenschlagen, weil sie meinen, der Hund „fasele". „Faseln" wird jeder Hund immer mit hoher oder halbhoher Nase, beim „Bogenschlagen" jedoch ist die Nase immer dicht am Boden, und er wird die Fährte immer mit Nackenwind suchen, also „mit dem Wind". Der „faselnde" Hund wird seine Nase immer **gegen** den Wind stellen und somit das kranke Stück dort suchen, wo es mit Sicherheit **nicht** hingeflüchtet ist.

Dieses Bogenschlagen muß meines Erachtens ererbt sein, ich glaube nicht, daß man diese für jeden ernsthaften Nachsucheneinsatz so überaus wichtige Eigenschaft einem Hunde anerziehen kann. Nach meinen persönlichen Erfahrungen beherrschen neben den Schweißhunden vor allem die Bracken dieses Bogenschlagen in Vollendung. Da sie immer (oder fast immer) verläßlich spurlaut sind, beste Nasen haben und meist auch genügend wildscharf sind, prädestiniert gerade diese Eigenschaft für den Nachsucheneinsatz ganz besonders.

Dies gilt wiederum besonders für Reviere, in denen der eigentliche Spezialist für die Arbeit auf der Wundfährte, der Schweißhund, infolge zu seltener Arbeitsmöglichkeit auf der Krankfährte nicht ausgelastet ist.

Natürlich muß man bereits während der Einarbeitungszeit des jungen Schweißhundes auf der gesunden Fährte jede Gelegenheit ausnutzen, den Schüler auch schon auf leichten, kurzen Totsuchen einzusetzen. Wie oft kommt es vor, daß das beschossene Stück Rot- oder Schwarzwild noch einige Fluchten macht und in Sichtweite verendet zusammenbricht. In solchen Fällen gehe ich in einem weiten Bogen – ohne die Wundfährte zu berühren – zum Stück und versorge es. Nach Möglichkeit bleibt das aufgebrochene Stück liegen, es ist für den Hund schon besser, es liegt noch das ganze Stück dort und nicht nur der Aufbruch. Nun lasse ich die Wundfährte mindestens drei Stunden stehen, ehe ich den jungen Schweißhund an den Anschuß bringe.

Oft ist der junge Hund infolge des für ihn ungewohnten Duftkomplexes, den so eine Wundfährte abgibt, völlig aus dem Häuschen und entsprechend aufgeregt. Wenn notwendig, muß er durch kurzzeitiges Ablegen in der Wundfährte zur Ruhe und Konzentration förmlich gezwungen werden.

Kommt so ein junger Hund nun an das erste verendete Stück Wild seines jungen Hundelebens, so kann es vorkommen, daß er erschrickt und zunächst gar nicht an das tote Stück heran will. Ein solches Verhalten ist kein Anzeichen von Wesensschwäche, da bin ich mir völlig sicher, da nahezu alle meine Hunde, vor allem aber Hündinnen, sich zunächst so verhalten haben. Und „wesensschwach“ war später keine von ihnen.

Man sollte jede solche Gelegenheit, die sich im praktischen Jagdbetrieb bietet, im Interesse seines jungen Hundes ausnutzen. Man sollte ferner seine Nachbarn bitten, Bescheid zu sagen, wenn sich in ihren Revieren eine solche kurze Totsuche für die Einarbeitung des jungen Hundes ergibt. „Nachsuchen“ sind das natürlich keine, sondern „praktische Übungen“ für den Ernstfall, die aber sehr wichtig sind.

Nach solchen kurzen Totsuchen muß man immer wieder kalte, gesunde Fährten arbeiten, nur sie zwingen den Hund zum Gebrauch seiner Nase über eine längere Distanz und sind naturgemäß schwieriger als diese Totsuchen, bei denen vom Anschuß zum verendeten Stück meist breite Schweißbahnen führen.

Die Einarbeitung der Gebrauchshunde, Bracken und Stöberhunde

Die verbreitetste Methode der Einarbeitung des vielseitigen Gebrauchshundes einschließlich des Stöberhundes und der Bracke in die Schweißarbeit ist die Verwendung einer künstlich hergestellten „Schweiß“-Fährte mit Wildschweiß oder Rinderblut. Je nach Alter und Ausbildungsstand des Hundes wird Schweißmenge und Stehzeit so verändert, daß schließlich „naturnahe“ Praxisbedingungen erreicht sind, also etwa ein Viertelliter Schweiß auf einen Kilometer bei einer Stehzeit von 48 bis 50 Stunden.

Natürlich muß man mit wesentlich mehr Schweiß und recht kurzen Stehzeiten beginnen, also etwa 1/4 Liter auf 500 Meter und drei Stunden Standzeit. Diese Kunstfährte kann man – wenn es nicht gerade regnet – mit dem Auge vor dem Hund „sehen", sie ist für den Hund eine breite und intensive Duftbahn, die für keinen Hund – egal welcher Rasse – unlösbar ist. Auch ein Zwergpudel kann eine solche Fährte schaffen.

Der Schweiß wird getropft oder getupft. Beim Tropfen verwendet man eine Flasche, in deren Verschlußkorken man eine kleine Kerbe einschneidet, durch die der Inhalt tropfenweise austreten kann.

Beim Tupfen verwendet man einen Stock, an dessen Ende man ein kleines Stück Schaumstoff oder porösen Gummi befestigt. Der Schweiß wird in einem Gefäß mit großer Öffnung mitgeführt. Alle paar Schritte – je nachdem, wieviel oder wenig Schweiß auf die vorgegebene Streckenlänge verteilt werden soll – taucht man das Stockende in den Schweiß und tupft damit auf den Boden.

Wichtig ist, daß man sich den Streckenverlauf sehr genau merkt und jedes Abkommen des Hundes von der Kunstfährte sofort korrigieren kann. Dies aber bitte nur dann, wenn der Hund erkennbar einer Verleitung folgt und keinerlei Anstalten macht, zur Ansatzfährte zurückzukehren.

Versucht der Hund, durch „Bogenschlagen" die Fährte wiederzufinden, so lasse man ihn unter allen Umständen gewähren. Sehen Sie sich bitte die Skizze noch einmal an, wie der erfahrene Hund sich verhält, wenn er einen Widergang ausarbeitet. Genau so wird sich der Hund, der dieses Rezept des jagenden Hundes ererbt hat, auch auf der Kunstfährte verhalten und versuchen, diese wiederzufinden, wenn er sie verloren hat. Mit „Faseln" hat das nicht das geringste zu tun.

Am Ende der Fährte soll – wo immer es geht – ein frisch geschossenes Stück liegen, möglichst sogar das Stück, von dem der Schweiß stammt. Ich weiß, das ist selten möglich, aber es ist – wie gesagt – der Idealfall. Ich weiß von erfahrenen Hunden, die das am Ende der Fährte liegende Stück unbeachtet ließen und verzweifelt nach der Fortsetzung der Fährte suchten, von dem der Schweiß stammte und der eben nicht identisch war mit dem ans Fährtenende gelegten Stück.

Ein guter Weg, bereits den Welpen oder Junghund auf seine spätere Aufgabe einzustellen, ist die Futterschleppe, an deren Ende das Stück Pansen oder eben die Futterschüssel steht. Dabei lernt der Hund, seine Nase zu gebrauchen und lernt vor allem, daß diese Arbeit für ihn einen nahrhaften Erfolg hat.

Die Tupf- oder Tropffährte hat nach meiner ganz persönlichen Erfahrung einen ganz entscheidenden Nachteil: der Hund lernt sich an etwas zu orientieren, was im „Ernstfall" völlig fehlen kann: dem **Schweiß.** Natürlich ist die Arbeit auf der Kunst-Schweißfährte ein sehr gutes **Nasen**training, und sie zwingt

Fährtenschuhe mit eingespannten Schalen eines Stückes Rotwild.
Foto: Ebner

So „geht man“ die Fährte mit dem Fährtenschuh. Foto: Ebner

den Hund auch zur **Konzentration** auf diese Fährte, mehr aber auch nicht.

Angst- und Krankwittrung, die Bodenverwundung durch die Schalen des weggeflüchteten Stückes und die spezielle Wittrung von durch die Schalen abgequetschten Pflanzenteilen kann man kaum simulieren, vom Widergang ganz zu schweigen. So kann die im Tupf- oder Tropfverfahren hergestellte Schweißfährte allenfalls eine Vorstufe zum brauchbaren Schweißarbeiter sein, mehr nicht.

Wesentlich größere Vorteile hat da der Fährtenschuh. Man „geht“ sozusagen eine Wildfährte auf den Schalen eines Stükkes Hochwild, die in spezielle Holzschuhe eingespannt sind (siehe Fotos). Das „Gehen“ auf diesen Schalen ist nicht besonders angenehm, man lernt es aber schnell, und der Erfolg heiligt bekanntlich die Mittel.

Schweiß kann und soll man bei der Verwendung des Fährtenschuhes nur sehr sparsam und auch nur streckenweise beigeben, also tupfen oder tropfen.

Die Verwendung des Fährtenschuhes hat den ganz entschiedenen Vorteil, daß sich der Hund von Anfang an an der Bodenverwundung orientieren muß, will er die Fährte weiterbringen.

Da man ja auf den Schalen marschiert, entspricht die Bodenverwundung und die Verletzung der Bodenflora ziemlich genau derjenigen eines Stückes Wild. Schweiß kann in einer Wundfährte gänzlich fehlen, die Bodenverwundung jedoch ist immer da!

Die meisten Führer Bayerischer Gebirgsschweißhunde in Deutschland und die Führer beider Schweißhundrassen in Österreich arbeiten seit langem ihre Hunde nach dieser Methode ein, und das mit bestem Erfolg.

Man kann mit dem Fährtenschuh auch leichter einen Widergang simulieren, an dem der Hund beweisen muß, daß er das Rezept des jagenden Hundes beherrscht. Natürlich geht das auch mit dem Tupf- oder Tropfverfahren, aber praxisnäher ist doch der mit dem Fährtenschuh „gegangene“ Widergang.

In diesem Zusammenhang noch ein paar kritische Sätze zum Totverbeller und/oder Totverweiser:

Totverbellen und Totverweisen hat nur dann einen Sinn, wenn der Hund **zuvor Riemenarbeit und Hetze** gemacht und das schließlich eingeholte Stück abgetan hat. Nur in einem solchen Fall kann Totverbellen/Totverweisen von Nutzen sein. Es ist niemals ein Ersatz für die Riemenarbeit, und es graust mich immer wieder, wenn ich lese, daß der am Anschuß geschnallte (!) Hund den verendeten Bock in der nahen Dickung totverbellt hat. Dies hat mit gerechter Nachsuche nicht das geringste zu tun. Die Riemenarbeit ist das A und O jeder vernünftigen

Der abgelegte Deutsch-Drahthaar weiß genau, was ihm bevorsteht, wenn der Führer den Anschuß untersucht. Foto: Uwe Tabel

Nachsuchenarbeit und kann nicht durch Dressurkunststücke ersetzt werden.

Über die Ausbildung zum Totverbeller oder Totverweiser kann man sich in jedem Abrichtebuch kundig machen, und wer es seinem Hund nun unbedingt beibringen will, der sollte es tun. Der Wert in der Nachsuchenpraxis ist äußerst gering, wenn man eben Totverbellen und Totverweisen nicht als Ersatz für die Riemenarbeit betrachtet.

Der vielseitige Gebrauchshund (hier Deutsch-Drahthaar) wird am Anschuß zur Fährte gelegt. Foto: Uwe Tabel

Eine unausrottbare Untugend ist das Schnallen am Anschuß oder dann, wenn man glaubt, der Hund käme auf der Wundfährte nicht mehr weiter. Es ist dies fast das Schlimmste, was man seinem Hund überhaupt antun kann.

Nur der Schweißriemen zwingt den Hund zu der Konzentration, die nötig ist, einer kaum oder gar nicht mehr schweißenden Wundfährte zu folgen. Was der Hund am Riemen nicht findet, wird er auch bei freier Suche in den allermeisten Fällen nicht finden. Und wenn, dann sind das reine Zufallserfolge, die dazu auch noch bei häufiger Wiederholung jeden Hund alsbald für eine vernünftige Riemenarbeit unbrauchbar machen.

Schlußwort

Die Nachsuchenarbeit ist – leider – in Mode gekommen. Viele – allzu viele – Hundeführer betrachten sie als Ausgleich für die fehlende Arbeit mit ihren Hunden am immer weniger werdenden Niederwild. Ich habe schon dargelegt und muß mich wiederholen: die Nachsuche ist die verantwortungsvollste Form der Jagdausübung überhaupt. Wir alle wissen, wie sehr die Jagd in unseren Tagen am Pranger steht und mit der Jagd auch, und ganz besonders, die Arbeit mit dem Jagdgebrauchshund. Gegner der Jagd vor allem unter den Naturschützern warten nur darauf, daß die Jägerschaft hier eine weitere Blöße bietet, die sich medienwirksam auswerten läßt.

Wer sich der Nachsuchenarbeit verschreiben will, muß dies ohne Wenn und Aber und unter Vernachlässigung von Familie und Freizeit tun.

Er muß belastbar, also körperlich völlig gesund sein, sonst steht er die Strapazen nicht lange durch. Er muß verschwiegen sein, sonst wird er bald nicht mehr zu Nachsuchen geholt. Er muß über Personen und Reviere und die näheren Umstände der Nachsuchen Stillschweigen bewahren. Ich persönlich bin allerdings **nicht** der Meinung, daß dies soweit gehen sollte, daß alle Unarten, die dem Hundeführer bei seinen Nachsuchen bekannt werden, unter den Teppich gekehrt werden müssen. Die Verschwiegenheit sollte nach meiner Meinung dort ihre Grenze haben, wo der Hundeführer de facto zum Mittäter werden würde, wenn er schweigen würde. Zumindest gegenüber dem Jäger, der sich bei seinem extrem unweidmännischen Verhalten auf die Diskretion des Hundeführers verläßt, sollte man klar und deutlich Flagge zeigen. Dies ist meine ganz persönliche Meinung und nicht deckungsgleich beispielsweise mit der offiziellen Meinung des Vereins Hirschmann. Aber: **Ich** habe dieses Buch geschrieben, und so gebe ich auch **meine** Meinung zu dieser Problematik wieder.

Der Hundeführer, der sich konsequent der Nachsuchenarbeit verschreiben will, muß in seiner beruflichen Zeiteinteilung so freizügig sein, daß er nahezu jederzeit abkömmlich ist. Leute mit einem 8-Stunden-Bürotag scheiden daher für einen überörtlichen Nachsucheneinsatz meist deswegen schon aus.

Er muß einen guten Nachsuchenhund haben. Ich will hier nicht die schon dargelegte Rasseproblematik wiederholen, aber wer sich der Nachsuchenarbeit verschreiben will, der sollte sich schon eingehend mit den hierfür besonders geeigneten Rassen befassen und mehr auf Zweckmäßigkeit als auf Schönheit achten.

Nach meiner wiederum ganz persönlichen Meinung sind neben den klassischen Schweißhundrassen Hannoverscher Schweißhund und Bayerischer Gebirgsschweißhund sowie Alpenländische Dachsbracke, die Bracken allgemein und von den Stöberhunden der Deutsche Wachtel für die Schweißarbeit ganz **besonders** geeignet.

Möge dieses Buch dazu beitragen, daß der gerechten Nachsuche der Stellenwert im Jagdwesen eingeräumt wird, der ihr zukommt.

Der Frischling ist zur Strecke, es sollte sich jetzt niemand dem Frosch nähern, die meisten Hunde verstehen an der Strecke keinen Spaß.

Statt eines Nachwortes – ein Gerichtsurteil

1987 wurde in einem Gifhorner Gerichtsurteil klargestellt, daß in allen Zweifelsfällen zu einer ordnungsgemäßen Nachsuche ein brauchbarer Hund herangezogen werden muß und die optische Anschußkontrolle durch den Schützen allein nicht genügt. Einzelheiten und ein Kommentar von Horst Niebuhr können im „Niedersächsischen Jäger“ 16/1987 nachgelesen werden. Hier ein Auszug aus der Urteilsbegründung:

„Aufgrund des in der Hauptverhandlung festgestellten Sachverhalts steht . . . zur Überzeugung des Gerichts fest, daß der Betroffene bei der noch in der Nacht des Anschusses vorgenommenen Nachsuche und der Nachsuche am Morgen des . . . keinen brauchbaren Hund hinzugezogen hat. Dies steht fest aufgrund der eigenen, glaubhaften Einlassung des Betroffenen. Ferner steht aufgrund der Aussagen der Zeugen S. und P. fest, daß der Betroffene am Abend des . . . eine Bache an den Hinterläufen traf, die krankgeschossen, unter Zurücklassung einer erkennbaren Schweiß- und Schleifspur aus dem Revier . . . in das Nachbarrevier, Jagdbezirk des Staatlichen Forstamtes Sprakensehl, überwechselte und dort verendete.

Der Sachverständige T. hat in überzeugender und widerspruchsfreier Weise ausgeführt, daß der Betroffene durch sein Verhalten gegen elementare Grundregeln der Jagdausübung verstoßen hat. Er hat ferner ausgeführt, daß eine ordnungsgemäße Nachsuche mit Sicherheit zum Erfolg geführt hätte.

Bei dem festgestellten Sachverhalt hat sich der Betroffene des vorsätzlichen Unterlassens des Einsatzes eines brauchbaren Jagdhundes zur Nachsuche entgegen den Geboten der Weidgerechtigkeit im Sinne von Artikel 3, Abs. 3 Ziff. 3 des Niedersächsischen Jagdgesetzes schuldig gemacht.

Unter Berücksichtigung des den Betroffenen treffenden Vorwurfs und seiner wirtschaftlichen Verhältnisse hat das Gericht eine Geldbuße von DM 500,– für angemessen erachtet und in dieser Höhe festgesetzt. . . .

Andererseits kam das Gericht nicht umhin, zum Nachteil des Betroffenen zu berücksichtigen, daß hier doch ein gravierender Verstoß gegen die jagdlichen Tugenden vorlag und gerade die gesetzgeberische Intention, als Ausfluß des Tierschutzgesetzes zu vermeiden, daß einem Tier unnötige Schmerzen zugefügt werden, hier in eklatanter Weise zuwidergehandelt worden ist . . .“

(Aktenzeichen: AG Gifhorn 8 Owi 14 Js 1250/87).